kochen & genießen

Blechkuchen – lecker und leicht

kochen & genießen

Blechkuchen

lecker und leicht

MOEWIG

Redaktion kochen & genießen
Gertraud Schwillo (Chefredaktion)
Irene Rüter (Konzeption & Text)
Maike Bauer, Stefanie Gerber, Irmgard Krüger, Monika Lamping, Sophie Mehrkens, Kathrin Schmuck, Hanne Tauscher

Grafisches Konzept: Marion Müller „mal 3"

Fotos: City Food & Foto, Hamburg; Kaiser (1); Koopmanns (1); Miele (1); Rösle (2); Schott Jenaer Glas (1); Silit (1); Söhnle (1); Zenker (1)

Printed in Germany
ISBN 3-8118-1586-5

Frisch vom Blech – ein Genuss!

Sie zählen zu den Favoriten auf jeder Kaffeetafel: saftig belegte Blechkuchen, die frisch aus dem Ofen einfach herrlich schmecken. Mit oder ohne Obst, rustikal oder ganz raffiniert – in diesem Buch finden Sie für jeden Anlass viele tolle Rezepte, mit denen Sie Ihre Lieben immer wieder aufs Neue verwöhnen können.

Und praktisch sind sie obendrein! Blechkuchen bestehen meist aus nicht allzu vielen Zutaten, sind recht unkompliziert in der Zubereitung und ergeben „auf einen Streich" eine Menge köstlicher Kuchenstücke – oft ausreichend für eine große gemütliche Kaffeerunde.

Damit auch beim Backen nichts schief geht, wurden alle Rezepte in der Versuchsküche von kochen & genießen getestet. Dazu finden Sie komplette Kochkurse für Grundteige sowie wichtige Tipps und Tricks, sodass alles bestens gelingt.

Wir wünschen Ihnen viel Spaß beim Backen.

Ihre Redaktion
kochen & genießen

Blechkuchen

Verführerische Obstkuchen
Der Hit auf jeder Kaffeetafel!
S.10

Saftige Aprikosen- & Pfirsichkuchen
… die schmecken nach Sonne und Süden
S.22

Phantastische Kirschkuchen
… damit ernten Sie Komplimente
S.32

Heiß geliebte Pflaumenkuchen
… pur, mit Guss, Baiser oder Makronenmasse
S.44

Frische Apfelkuchen
… in verführerischen Varianten
S.52

Für alle, die Fernweh haben
Süßes Backwerk mit exotischen Früchten
S.64

Originelle Kuchen
… für Geburtstagsfeiern und fröhliche Partys
S.70

Die Schnellen mit Pfiff
Kuchen, die nicht viel Arbeit machen
S.78

Biskuit in Bestform
… als Boden, als Rolle oder Omelett
S.86

Inhalt

1x1 der Backgeräte

Hochwertige Zutaten sind die eine Voraussetzung für das Gelingen eines köstlichen Kuchens. Aber ohne das richtige Handwerkszeug geht's auch nicht

Mit gutem Zubehör geht's leichter: Edelstahl-Teigroller, Backbrett und -pinsel, Teigschaber, Puderzucker-Sieb und Schneebesen aus hochwertigem Material

GRUNDAUSSTATTUNG FÜR HOBBY-BÄCKER

Beim Backen ist mehr als ein gutes Augenmaß gefragt. Deshalb ist eine Küchenwaage unentbehrlich, z. B. mit 3 kg Tragkraft und 10 g Feineinteilung. Für Flüssigkeiten sollte ein Messbecher mit 500 ml Fassungsvermögen vorhanden sein. Hinzu kommen ein Mehlsieb sowie ein bis zwei Kunststoff-Rührschüsseln mit abgerundetem Boden und einem rutschhemmenden Gummiring. Für das Aufschlagen feiner Cremes und zum Schmelzen von Kuvertüre sind Schlag-Schüsseln aus Edelstahl eine gute Hilfe. Sie lassen sich von ihrem Fuß abnehmen und problemlos in ein Wasserbad hängen.

Gerührt wird heute meistens mit dem Handrührgerät oder einer Küchenmaschine, aber auch Rührlöffel werden gebraucht. Wichtige kleine Helfer sind Schneebesen, Backpinsel, Teigkarte, -schaber und -rädchen. Beim Teigausrollen tut das gute alte Nudelholz zwar seine Dienste, aber leichter geht es mit modernen Backrollen. Es gibt antihaftbeschichtete Modelle und solche mit hochklappbaren Griffen, die das Ausrollen auf dem Blech erleichtern. Robust und so glatt, dass der Teig nicht kleben bleibt, sind Rollen aus Edelstahl.

Wissenswertes die wichtigsten Ba

Die sorgen für Back-Spaß: Schüssel mit rundem Boden, Messbecher, exakte Waage, Teigrädchen, Apfelausstecher und Backpinsel

1x1 der Backgeräte

Dieses Teflon-beschichtete Backblech lässt sich mit zwei beweglichen Schienen beliebig unterteilen

KLEINE BACKBLECH-KUNDE

Backgeschirre sind in verschiedenen Materialien erhältlich, die unterschiedliche Backeigenschaften haben. Auch bezüglich Formbeständigkeit und Pflege gibt es erhebliche Unterschiede.

Traditionelle Bleche aus **Weißblech** werden aus dünnem, verzinntem Feinstblech hergestellt. Sie sind preiswert und gut für Gasherde geeignet. Im E-Herd muss das Gebäck auf die untere Leiste geschoben bzw. 10 Minuten nur mit Unterhitze gebacken werden. Das Lösen vom Blech setzt ein wenig Backerfahrung voraus.

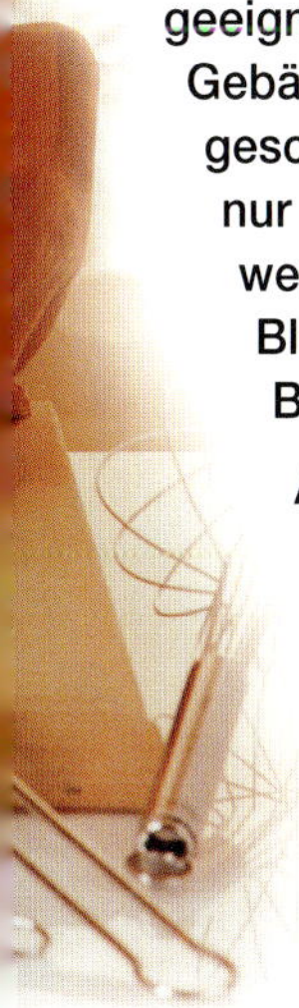

Auf **schwarz lackierten Blechen** (das preisgünstigste oberflächenversiegelte Material) bräunen Kuchen sehr gut. Gegenüber Weißblech verringert sich die Backzeit um ca. 10 Prozent. Diese Bleche sind ideal für E-Herde. Im Gasherd muss man sie weiter oben einschieben bzw. die Temperatur verringern. Sie sind weitgehend säurebeständig, d. h. sie eignen sich für Obstkuchen. Bei Sauerteiggebäck Backpapier unterlegen.

Backformen mit **PTFE-Antihaftbeschichtung** (z. B. Top-Silver, Teflon 2, Silverstone, Hostaflon) sind ideal für Gebäck mit viel Zucker, Eiern und Früchten. Nichts haftet an, trotzdem bräunt alles intensiv und gleichmäßig. Und die Bleche sind leicht zu reinigen (gehobene Preisklasse).
Bei doppelter Antihaftbeschichtung sind glatte Böden schnittfest.

Bleche **mit Spezial-Emaillierung** (silikatische Oberflächenbeschichtung) haben eine gute Wärmeleitung und garantieren eine gleichmäßige intensive Bräunung des Kuchens. Sie sind absolut säurebeständig, spülmaschinen-, kratz- und schnittfest. Gebäck lässt sich davon gut lösen (gehobene Preisklasse).

Eine einzigartige Antihaft-Eigenschaft haben schnittfeste, **siliziumveredelte Backbleche** (Perfect Clean). Selbst Pflaumenkuchen lässt sich ohne Backpapier und Einfetten mühelos backen und vom Blech herunternehmen. Lebensmittelreste werden einfach mit Schwamm, Wasser und Spülmittel abgewischt. Nur im Elektrogeräte-Fachhandel erhältlich (obere Preisgruppe).

Grundsätzlich gilt, je dicker das Material, um so formstabiler das Backblech. Das ist vor allem bei Biskuitplatten wichtig. Ist das Blech durchgebogen, werden sie zum Rand hin dünner und verbrennen leicht.

In **Glasbackformen** hergestelltes Gebäck hat oft keine starke Kruste, ist aber ideal durchgebacken. Plattenkuchen kann man direkt in der Form servieren. Die Backschalen aus hitzebeständigem Glas sind spülmaschinenfest und mikrowellengeeignet. In 2 Größen erhältlich.

Ausziehbare Backbleche, die in jeden Backofen passen, und Bleche **mit extra hohem Rand** für saftige Obstkuchen werden aus verschiedenen Materialien angeboten.

Bei Umluft-Herden kann man die Vorteile aller Backbleche nutzen.

rund um
kgeräte

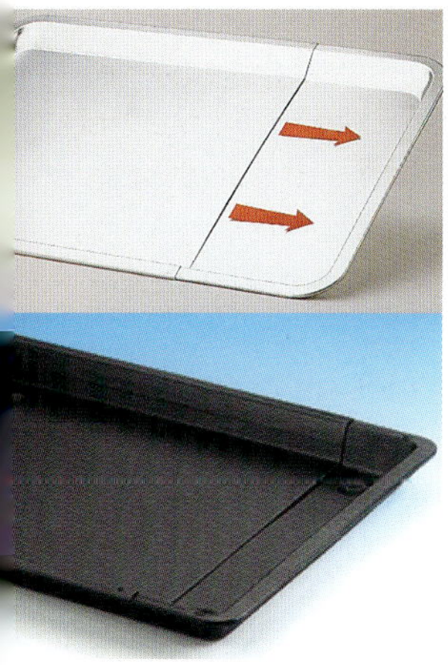

Ausziehbare Bleche passen sich jeder Backofenbreite an. Es gibt sie in verschiedenen Materialien, z. B. aus Weißblech (oben) oder mit Teflon-Beschichtung (unten)

Auf diesem siliziumveredelten Blech setzt auch ohne Fett oder Backpapier nichts an

Verführeris

Rhabarber-Kuchen mit Baisertupfen

Zutaten für ca. 20 Stücke:

- 750 g Rhabarber
- 50 g + 200 g + 40 g + 60 g Zucker
- 1 Dose (850 ml) Pfirsiche
- 250 g weiche Butter/Margarine
- abgeriebene Schale von 1 unbehandelten Zitrone
- 5 Eier (Gr. M), 250 g Mehl
- 75 g Speisestärke
- 1 gehäufter TL Backpulver
- Fett für die Fettpfanne
- 2 Eigelb
- 250 g Mascarpone oder Doppelrahm-Frischkäse
- 1 Päckchen Vanillin-Zucker
- ca. ½ TL Zitronensaft

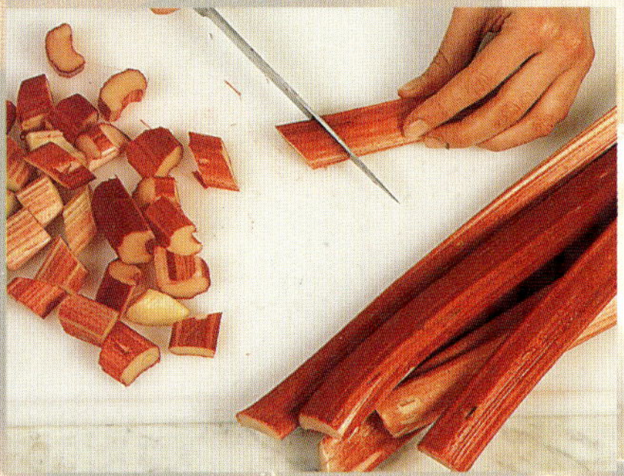

1. Rhabarber putzen und waschen. In Stücke schneiden und mit 50 g Zucker mischen. Pfirsiche abtropfen lassen.

2. Fett und 200 g Zucker schaumig rühren. Zitronenschale zufügen. 4 Eier einzeln unterrühren. Mehl, Speisestärke und Backpulver mischen und unterrühren. Fettpfanne (ca. 32 x 39 cm) fetten. Rührteig darauf glatt streichen und mit Rhabarber und Pfirsichen gleichmäßig belegen.

3. 1 Ei trennen. 3 Eigelb, Mascarpone, 40 g Zucker und Vanillin-Zucker verrühren. Creme über das Obst streichen. Im heißen Backofen (E-Herd: 200 °C / Umluft: 175 °C / Gas: Stufe 3) 25–35 Minuten backen.

4. Eiweiß steif schlagen, 60 g Zucker einrieseln lassen und Zitronensaft unterrühren. Masse als Tupfen auf den Kuchen setzen. Weitere ca. 5 Minuten goldbraun überbacken.

Zubereitungszeit ca. 1½ Std.
Pro Stück ca. 330 kcal / 1380 kJ.
E 4 g, F 18 g, KH 36 g

che Obstkuchen

Der Hit auf jeder Kaffeetafel

Der Rhabarber macht den Anfang. Dann können wahre Fans jeden Monat in anderen Obstkuchen schwelgen, bis tief in den Herbst hinein

Obstkuchen der Saison

Stachelbeer-Streuselkuchen

Zutaten für ca. 24 Stücke:

- 350 g + 150 g Mehl
- abgeriebene Schale von 1 unbehandelten Zitrone
- 30 g frische Hefe
- 2 TL + 50 g + 75 g Zucker
- 150 ml Milch
- 1 Päckchen Vanillin-Zucker
- 175 g Butter/Margarine
- 1 Ei (Gr. M)
- 750 g grüne Stachelbeeren
- 750 g rote Stachelbeeren
- 1 TL gemahlener Zimt
- Fett und Paniermehl fürs Backblech

1. Für den Teig 350 g Mehl und die Zitronenschale mischen. Hefe und 2 TL Zucker verrühren. Milch, 50 g Zucker, Vanillin-Zucker und 75 g Fett leicht erwärmen. Milch, Hefe und Ei zum Mehl geben, alles zu einem glatten Teig verkneten. Zugedeckt ca. 20 Minuten an warmem Ort gehen lassen.

2. Inzwischen Stachelbeeren nach Sorten getrennt waschen und putzen. Restliches Fett schmelzen. Übriges Mehl, 75 g Zucker und Zimt unterrühren und mit den Knethaken zu Streuseln verkneten.

3. Fettpfanne oder Backblech fetten und mit Paniermehl ausstreuen. Den Hefeteig nochmals durchkneten und darauf ausrollen. Diagonal mit einem Messer leicht einschneiden, sodass ein Kreuz entsteht.

4. Stachelbeeren nach Sorten in die Fächer verteilen. Streusel darüber streuen. Noch 20 Minuten gehen lassen. Dann im vorgeheizten Backofen (E-Herd: 200 °C / Umluft: 175 °C/ Gas: Stufe 3) 30–40 Minuten backen. Auskühlen lassen. Dazu schmeckt Schlagsahne oder Vanilleeis.

Zubereitungszeit ca. 1½ Std.
Pro Stück ca. 190 kcal / 790 kJ.
E 3 g, F 7 g, KH 28 g

EXTRA-TIPP

Achten Sie beim Einkauf darauf, dass die Beeren unversehrt und gleichmäßig gefärbt sind. Kaufen Sie gleich etwas mehr zum Einfrieren, damit Sie den Kuchen auch im Winter backen können.

Fünf-Frucht-Schnitten

Zutaten für ca. 24 Stücke:

- 5 Eier (Gr. M)
- 300 g Zucker
- 1 Päckchen Vanillin-Zucker
- 1 Prise Salz
- 350 g Mehl
- 1 Päckchen Backpulver
- 12 EL Öl
- 175 ml Zitronenlimonade
- Fett fürs Backblech
- 1 Dose (425 ml) Aprikosen
- 1 Dose (314 ml) Mandarinen
- 250 g Himbeeren
- 250 g Süßkirschen
- 500 g Erdbeeren
- 300 g Johannisbeergelee
- 100 g Schlagsahne
- 125 g Crème fraîche

1. Eier, Zucker, Vanillin-Zucker und Salz sehr schaumig schlagen. Mehl und Backpulver mischen. Mit Öl und Limonade unterrühren.

2. Teig auf ein gefettetes Backblech (ca. 35 x 40 cm) streichen. Im vorgeheizten Backofen (E-Herd: 175 °C/ Umluft: 150 °C / Gas: Stufe 2) 25–30 Minuten backen. Auskühlen lassen.

3. Aprikosen und Mandarinen gut abtropfen lassen. Aprikosen in Spalten schneiden. Himbeeren verlesen. Kirschen waschen und entsteinen. Erdbeeren waschen, putzen und anschließend halbieren.

4. Gelee erhitzen und ca. ein Drittel davon dünn auf den Boden streichen. Mit den Früchten, bis auf einige zum Verzieren, belegen. Das übrige Gelee darüber träufeln. Den Kuchen anschließend ca. 1 Stunde kühl stellen.

5. Sahne und Crème fraîche in einem Rührbecher steif schlagen. Kuchen in Stücke schneiden. Mit Sahne und den übrigen Früchten verzieren.

Zubereitungszeit ca. 1½ Std. (ohne Wartezeit). Pro Stück ca. 310 kcal / 1300 kJ. E 5 g, F 12 g, KH 44 g

Obstkuchen der Saison

Obst-Törtchen-Allerlei

Zutaten für ca. 18 Stück:

- 250 g weiche Butter/Margarine
- 250 g Zucker
- 4 Eier (Gr. M)
- 3 unbehandelte Zitronen
- 300 g Mehl
- 2 TL Backpulver
- Fett fürs Blech
- 100 g Puderzucker
- 5 Blatt weiße Gelatine
- 750 g Speisequark (20 % Fett i. Tr.)
- 2 Päckchen Vanillin-Zucker
- 150 g Schlagsahne
- ca. 750 g Obst zum Belegen (z. B. Beerenfrüchte, Ananas, Kiwi oder Mandarinen)
- evtl. gehackte Pistazien und Cocktail-Kirschen zum Verzieren

1. Fett und 200 g Zucker schaumig rühren. Eier einzeln unterrühren. 1 Zitrone waschen, Schale abreiben. Zitronenschale, Mehl und Backpulver unter die Fett-Ei-Masse rühren. Rührteig auf ein gefettetes Backblech streichen. Im vorgeheizten Backofen (E-Herd: 175 °C / Umluft: 150 °C / Gas: Stufe 2) ca. 20 Minuten backen.

2. Alle Zitronen auspressen. Saft und Puderzucker verrühren. Den Kuchen mehrmals einstechen und mit Guss beträufeln. Abkühlen lassen.

3. Gelatine einweichen. Aus der Kuchenplatte nach Belieben Kreise, Dreiecke, Rauten und Quadrate ausschneiden. Quark, Vanillin-Zucker und den restlichen Zucker verrühren. Gelatine ausdrücken, bei milder Hitze auflösen und unter den Quark rühren. Die Masse im Kühlschrank halb fest werden lassen.

4. Sahne steif schlagen und unter den Quark heben. Auf den Stücken verteilen. Die Törtchen mindestens 2 Stunden kalt stellen.

5. Frisches Obst putzen, waschen und evtl. klein schneiden. Dosenware abtropfen lassen. Törtchen erst vor dem Servieren mit dem vorbereiteten Obst belegen. Nach Belieben mit Pistazien, Cocktail-Kirschen und Streifchen von Zitronensschale verzieren.

Zubereitungszeit ca. 1 Std. (ohne Wartezeit). Pro Stück ca. 350 kcal / 1470 kJ. E 10 g, F 17 g, KH 37 g

Erdbeer-Philadelphia-Schnitten

Zutaten für ca. 12 Stücke:

- 1 Päckchen Götterspeise „Zitrone" (für ½ l Wasser; kein Instant-Produkt)
- 200 g weiche Butter/Margarine
- 175 g + 100 g Zucker
- 2 Päckchen Vanillin-Zucker
- 4 Eier (Gr. M), 225 g Mehl
- 2 TL Backpulver, 5 EL Milch
- 600 g Erdbeeren
- 100 g Vollmilch-Schokolade
- 200 g Doppelrahm-Frischkäse
- 2 EL Zitronensaft
- 300 g + 100 g Schlagsahne
- 1–2 TL Puderzucker
- evtl. Schoko-Dessert-Dekor

1. Götterspeisepulver mit ¼ l Wasser verrühren, 5 Minuten quellen. Unter Rühren erhitzen, bis alles aufgelöst ist (nicht kochen!). Ca. 1 Stunde kühlen.

2. Fett, 175 g Zucker und 1 Päckchen Vanillin-Zucker cremig rühren. Eier einzeln unterrühren. Mehl und Backpulver mischen, im Wechsel mit der Milch unterrühren.

3. Teig auf ein gefettetes Backblech (ca. 35 x 40 cm) streichen. Im heißen Ofen (E-Herd: 200 °C / Umluft: 175 °C/ Gas: Stufe 3) ca. 10 Minuten backen. Auskühlen. Zu 2 Platten quer halbieren. Vom Blech nehmen.

4. Erdbeeren waschen und, bis auf einige zum Verzieren, putzen und halbieren. Schokolade im heißen Wasserbad schmelzen. Auf eine Teigplatte streichen. Mit Früchten belegen.

5. Käse, 100 g Zucker und Zitronensaft verrühren. 300 g Sahne steif schlagen. Erst Käse, dann Sahne unter die Götterspeise heben. Auf die Erdbeeren streichen. Ca. 6 Stunden kühlen. Nach ca. 1 Stunde 2. Teigplatte darauf legen.

6. Kuchen in Stücke schneiden, mit Puderzucker bestäuben. 100 g Sahne und Rest Vanillin-Zucker steif schlagen. Stücke mit Sahne, Erdbeeren und Dekor verzieren.

Zubereitungszeit ca. 1½ Std.
Wartezeit ca. 7–8 Std.
Pro Stück ca. 530 kcal / 2220 kJ.
E 9 g, F 32 g, KH 48 g

Stachelbeer-Butterkeks-Kuchen

Zutaten für ca. 36 Stücke:

- 4 Eier (Gr. M)
- 1 Päckchen Vanillin-Zucker
- 125 g + 8 EL Zucker, 1 Prise Salz
- 100 g Mehl
- 3 Päckchen Puddingpulver „Vanille“ (für je ½ l Milch; zum Kochen)
- 1 TL Backpulver
- 1 kg (oder 2 Gläser à 720 ml) Stachelbeeren
- 750 g Schlagsahne
- 1 Packung (200 g) Butterkekse (40 Stück)
- 250 g Puderzucker
- 6 EL Zitronensaft
- evtl. Schlagsahne, Stachelbeeren und Schokoraspel

1. Backofen vorheizen (E-Herd: 200 °C / Umluft: 175 °C / Gas: Stufe 3). Backblech (ca. 35 x 40 cm) fetten. Eier trennen. Eiweiß steif schlagen, dabei Vanillin-Zucker, 125 g Zucker und Salz einrieseln lassen. Eigelb unterziehen. Mehl, 1 Päckchen Puddingpulver und Backpulver mischen, darüber sieben und unterheben. Masse auf das Blech streichen. Im Backofen 12–15 Minuten backen. Auskühlen lassen.

2. Stachelbeeren putzen, waschen und in 400 ml Wasser und 8 EL Zucker 5 Minuten dünsten. 2 Beutel Puddingpulver in 100 ml Wasser anrühren und Kompott damit binden. (Früchte aus dem Glas abtropfen lassen, Saft dabei auffangen. 2 Beutel Puddingpulver und 8 EL Saft verrühren. Rest Saft aufkochen. Pudding einrühren, aufkochen. Beeren unterheben). Kompott auf den Boden streichen. Auskühlen lassen.

3. Sahne evtl. portionsweise steif schlagen und mit einem Teigschaber gleichmäßig auf das Kompott streichen.

4. Anschließend ca. 36 Butterkekse vom Blechrand aus dicht an dicht auf die Sahneschicht legen.

5. Puderzucker mit Zitronensaft glatt rühren und dünn auf die Butterkekse streichen. Guss fest werden lassen. Kuchen in Stücke schneiden und evtl. mit Sahnetuffs, Stachelbeeren und Schokoraspeln verzieren.

Zubereitungszeit ca. 1 Std. (ohne Wartezeit).
Pro Stück ca. 150 kcal / 630 kJ.
E 2 g, F 7 g, KH 20 g

Obstkuchen der Saison

Aprikosen-Heidelbeer-Kuchen

Zutaten für ca. 20 Stücke:

- 500 g Mehl
- 225 g Zucker
- 2 Päckchen Vanillin-Zucker
- abgeriebene Schale von 1 unbehandelten Zitrone
- 1 Prise Salz
- 250 g Butter/Margarine
- Fett fürs Blech
- 1 kg Aprikosen
- 300 g Heidelbeeren
- 100 g gemahlene Mandeln

1. Mehl, bis auf 3 EL, Zucker, Vanillin-Zucker, Zitronenschale und Salz in einer Schüssel mischen. Das Fett schmelzen. Zum Mehl gießen, dabei mit den Knethaken des Handrührgerätes ständig rühren, sodass ein krümeliger Teig entsteht. Rest Mehl darüber streuen. Alles durchschütteln. Streusel ca. 30 Minuten kalt stellen.

2. Ein Backblech fetten. ⅔ der Streusel darauf verteilen und etwas andrücken. Im vorgeheizten Backofen (E-Herd: 200° C / Umluft: 175 °C / Gas: Stufe 3) ca. 10 Minuten vorbacken.

3. Aprikosen mit kochendem Wasser überbrühen. Haut abziehen. Die Früchte halbieren und entsteinen. Heidelbeeren verlesen, waschen und abtropfen lassen.

4. Mandeln auf den Streuseln verteilen. Obst darauf geben. Restliche Streusel darüber streuen. Kuchen bei der gleichen Temperatur noch 30–35 Minuten backen. Abkühlen lassen.

Zubereitungszeit ca. 1¼ Std.
Pro Stück ca. 240 kcal / 1000 kJ.
E 6 g, F 11 g, KH 28 g

Johannisbeer-Birnen-Kuchen

Zutaten für ca. 24 Stücke:

- ¼ l Milch
- 50 g Butter/Margarine
- 1 Würfel frische Hefe
- 250 g Weizenmehl (Type 1050)
- 250 g Mehl
- 60 g + 40 g Ursüße (Reformhaus)
- 2 Eier (Gr. M)
- 250 g rote Johannisbeeren
- 3 EL Honig, 1,5 kg Birnen
- Saft von 2 Zitronen
- Fett und Paniermehl fürs Blech
- 3 Eigelb (Gr. M)
- 400 g Schmand oder stichfeste saure Sahne

1. Milch und Fett in einem Topf erwärmen. Hefe hineinbröckeln und auflösen. Gesamtes Mehl und 60 g Ursüße in einer Schüssel mischen. Eier und Hefemilch zufügen. Mit den Knethaken des Handrührgerätes kräftig durchkneten. Zugedeckt an einem warmen Ort ca. 30 Minuten gehen lassen.

2. Inzwischen die Johannisbeeren waschen, verlesen und abstreifen. Mit Honig in einen Topf geben und kurz aufkochen lassen. Birnen schälen, vierteln und entkernen. Mit dem Saft 1 Zitrone vermischen, dann abtropfen lassen. Den Saft dabei auffangen.

3. Eine Fettpfanne fetten und mit Paniermehl ausstreuen. Teig darauf ausrollen und mit Birnen belegen. Beeren in kleinen Häufchen darauf verteilen. Eigelb, Schmand, 40 g Ursüße, aufgefangenen Saft und Saft der 2. Zitrone verrühren. Über das Obst gießen. Im vorgeheizten Backofen (E-Herd: 175 °C / Umluft: 150 °C/ Gas: Stufe 2) ca. 40 Minuten backen.

Zubereitungszeit ca. 1½ Std.
Pro Stück ca. 210 kcal / 880 kJ.
E 5 g, F 7 g, KH 29 g

Obstkuchen der Saison

Fruchtige Saure-Sahne-Schnitten

Zutaten für ca. 20 Stücke:

- 250 g weiche Butter/Margarine
- 175 g + 50 g + 2 EL Zucker
- 4 Eier (Gr. M), 300 g Mehl
- ½ P. Backpulver, 5–7 EL Milch
- 10 Blatt weiße Gelatine
- 100 g + 2 EL Erdbeerkonfitüre
- 900 g stichfeste saure Sahne
- 250 g + 150 g Schlagsahne
- 1 Päckchen Vanillin-Zucker
- 750 g Erdbeeren
- 1 Zucker-Melone (z. B. Galia-Melone)
- 2 Dosen (à 314 ml) Mandarinen
- 2 Päckchen klarer Tortenguss
- evtl. Minze zum Verzieren

1. Fett und 175 g Zucker cremig rühren. Eier einzeln unterrühren. Mehl und Backpulver mischen. Mit Milch unterrühren. Auf ein gefettetes Backblech (ca. 35 x 40 cm) streichen. Im heißen Ofen (E-Herd: 200 °C / Umluft: 175 °C / Gas: Stufe 3) ca. 20 Minuten backen. Auskühlen lassen. Boden halbieren und vom Blech nehmen.

2. Gelatine einweichen. 100 g Konfitüre erhitzen, auf den Boden streichen. Saure Sahne und 50 g Zucker verrühren. Gelatine ausdrücken, auflösen. 5 EL saure Sahne einrühren, unter die übrige saure Sahne rühren. Kalt stellen, bis sie zu gelieren beginnt.

3. 250 g Schlagsahne und Vanillin-Zucker steif schlagen. Unter die saure Sahne heben und auf beide Böden streichen. Ca. 1 Stunde kalt stellen.

4. Erdbeeren waschen, putzen, vierteln. Melone vierteln, entkernen. Evtl. 20 Kugeln zum Verzieren ausstechen. Rest Fruchtfleisch würfeln. Mandarinen abtropfen lassen, Saft auffangen.

5. Obst auf der Creme verteilen. Saft mit Wasser auf ½ l auffüllen. Gusspulver und 2 EL Zucker mischen. Mit Saft verrühren. Unter Rühren aufkochen. Auf die Früchte verteilen. Kuchen ca. 3 Stunden kalt stellen. 150 g Schlagsahne steif schlagen. Kuchen in Stücke schneiden und verzieren.

Zubereitungszeit ca. 1½ Std.
Wartezeit ca. 5 Std.
Pro Stück ca. 320 kcal / 1340 kJ.
E 5 g, F 18 g, KH 31 g

Kirsch-Pfirsich-Kuchen mit Schmandguss

Zutaten für ca. 24 Stücke:

- 300 ml Milch
- 1 Würfel (42 g) frische Hefe
- 500 g Mehl
- 125 g + 75 g Zucker
- 1 Prise Salz
- 4 Eier (Gr. M)
- 50 g weiche Butter/Margarine
- 500 g frische oder 1 Glas (720 ml) Sauerkirschen
- 1 kg frische oder 3 Dosen (à 425 ml) Pfirsiche
- 250 g Schmand oder Crème fraîche
- Fett für die Fettpfanne
- 1 EL Hagelzucker

1. Milch leicht erwärmen und Hefe darin auflösen. Mehl, 125 g Zucker, Salz, 1 Ei, Fett und Hefemilch in einer Schüssel verkneten. Teig zugedeckt an einem warmen Ort ca. 40 Minuten gehen lassen.

2. Kirschen waschen, entstielen und entsteinen. Pfirsichhaut kreuzweise einritzen. Pfirsiche kurz in kochendes Wasser legen und abschrecken. Dann die Haut abziehen. Pfirsiche halbieren und entsteinen (Dosenfrüchte abtropfen lassen).

3. Schmand, 75 g Zucker und 3 Eier verrühren. Hefeteig nochmals durchkneten und in eine gefettete Fettpfanne (ca. 32 x 39 cm) drücken. Zugedeckt an einem warmen Ort weitere ca. 15 Minuten gehen lassen.

4. Mit dem Daumen einige Vertiefungen in den Teig drücken. Obst darauf verteilen. Guss darüber gießen. Im heißen Backofen (E-Herd: 200 °C/ Umluft: 175 °C / Gas: Stufe 3) ca. 30 Minuten backen. Mit Hagelzucker bestreuen. Dazu schmeckt Schlagsahne.

Zubereitungszeit ca. 2 Std.
Pro Stück ca. 210 kcal / 880 kJ.
E 4 g, F 7 g, KH 32 g

Saftige Aprikose & Pfir

Ob frisch vom Markt oder aus der Dose – wenn die sattgelben Früchte auf dem Kuchen liegen, leuchten sie mit der Sonne um die Wette. Von Mai bis August ist Frischobst topp. Ist die Zeit mal knapp, sind Konserven ideal

n-
sichkuchen

... die schmecken nach Sonne und Süden

Aprikosen-Kuchen mit Mohnhaube

Zutaten für ca. 20 Stücke:

- 1 Dose (850 ml) Aprikosen
- 1 Dose (425 ml) Aprikosen
- 50 g Mohn (evtl. bereits gemahlen)
- 500 g Magerquark
- 4 Eier (Gr. M)
- 8 EL Milch, 8 EL Öl
- 100 g + 100 g Zucker
- 2 Päckchen Vanillin-Zucker
- 500 g Mehl
- 1 Päckchen Backpulver
- Fett fürs Blech
- 500 g Schmand oder Crème fraîche
- 1 Päckchen unbehandelte Zitronenschale (gibt's gerieben zu kaufen)
- 2 EL Puderzucker

1. Aprikosen abtropfen lassen. Mohn fein mahlen. Für den Quark-Öl-Teig: Quark, 1 Ei, Milch, Öl, 100 g Zucker und 1 Päckchen Vanillin-Zucker verrühren. Mehl und Backpulver gründlich mischen und unterkneten. Teig auf einem gefetteten Backblech (ca. 35 x 40 cm) ausrollen.

2. 3 Eier trennen. Eigelb, 100 g Zucker und 1 Päckchen Vanillin-Zucker schaumig schlagen. Eiweiß steif schlagen. Mit Schmand, Mohn und Zitronenschale vorsichtig unter die Eigelb-Masse ziehen.

3. Mohn-Masse auf den Quark-Öl-Teig streichen. Aprikosen darauf verteilen. Im heißen Ofen (E-Herd: 200 °C / Umluft: 175 °C / Gas: Stufe 3) 30–35 Minuten backen. Auskühlen lassen. Mit Puderzucker bestäuben.

Zubereitungszeit ca. 1 Std.
Pro Stück ca. 310 kcal / 1300 kJ.
E 7 g, F 12 g, KH 40 g

Aprikosen- & Pfirsichkuchen

Aprikosen-Apfel-Schnitten mit Baiser

Zutaten für ca. 20 Stücke:

- 1,25 kg säuerliche Äpfel (z. B. Boskop)
- ca. 5 EL + 1 TL Zitronensaft (1–1½ Zitronen)
- 1 Dose (850 ml) Aprikosen
- 9 frische Eier (Gr. M)
- 250 g weiche Butter/Margarine
- 250 g + 350 g Zucker
- 1 Päckchen Vanillin-Zucker
- 1 Prise Salz
- abgeriebene Schale von 1 unbehandelten Zitrone
- 450 g Mehl
- 1 Päckchen Backpulver
- 3 EL Milch
- Fett und Mehl für die Fettpfanne
- 5 EL gehackte Mandeln

1. Äpfel schälen, vierteln, entkernen und in Spalten schneiden. Mit ca. 5 EL Zitronensaft beträufeln. Die Aprikosen gut abtropfen lassen.

2. 8 Eier trennen. Fett, 250 g Zucker, Vanillin-Zucker, Salz und Zitronenschale cremig rühren. 8 Eigelb und 1 Ei nach und nach unterrühren. Mehl und Backpulver mischen und mit der Milch unterrühren.

3. Fettpfanne (ca. 32 x 39 cm) fetten und mit Mehl bestäuben. Teig darauf glatt streichen. Mit Apfelspalten und Aprikosen belegen. Mandeln darüber streuen. Im vorgeheizten Backofen (E-Herd: 175 °C/ Umluft: 150 °C/ Gas: Stufe 2) ca. 45 Minuten backen.

4. 8 Eiweiß steif schlagen, dabei 1 TL Zitronensaft zufügen. Unter weiterem Schlagen 350 g Zucker einrieseln lassen und so lange weiterschlagen, bis er sich vollständig gelöst hat. Kuchen damit bestreichen und bei gleicher Temperatur weitere ca. 12 Minuten backen. Auskühlen lassen.

Zubereitungszeit ca. 1½ Std.
Pro Stück ca. 410 kcal / 1720 kJ.
E 7 g, F 15 g, KH 58 g

Aprikosen-Marzipan-Kuchen

Zutaten für ca. 20 Stücke:

- 3 Dosen (à 850 ml) Aprikosen
- 150 g Marzipan-Rohmasse
- 250 g weiche Butter/Margarine
- 250 g Zucker
- 1 Päckchen Vanillin-Zucker
- 1 Prise Salz
- 1 Päckchen Citro-back
- 4 Eier (Gr. M)
- 300 g Mehl
- 1 TL Backpulver
- Fett fürs Blech
- 2–3 EL Hagelzucker

1. Aprikosen abtropfen lassen, Saft dabei auffangen. Aprikosenhälften halbieren. Marzipan grob würfeln.

2. Fett und Marzipan gut verrühren. Mit Zucker, Vanillin-Zucker, Salz und Citro-back cremig rühren. Eier nach und nach unterrühren. Alles so lange weiterrühren, bis sich der Zucker gelöst hat.

3. Mehl und Backpulver mischen. Auf die Fett-Ei-Masse sieben und kurz unterrühren. Etwas vom Aprikosensaft esslöffelweise unter den Teig rühren, bis er schwer reißend von den Schneebesen fällt.

4. Ein Backblech fetten. Rührteig darauf verstreichen. Die Aprikosenspalten auf dem Teig verteilen.

5. Den Kuchen im vorgeheizten Backofen (E-Herd: 175 °C / Umluft: 150 °C / Gas: Stufe 2) 45–50 Minuten backen. Nach dem Backen gleichmäßig mit Hagelzucker bestreuen. Abkühlen lassen.

Zubereitungszeit ca. 1½ Std.
Pro Stück ca. 320 kcal / 1340 kJ.
E 4 g, F 14 g, KH 42 g

Aprikosen- & Pfirsichkuchen

Spiegelei-Schnitten mit Aprikosen

Zutaten für ca. 16 Stücke:

- 200 g weiche Butter/Margarine
- 150 g + 50 g + 100 g + 1 EL Zucker
- 3 Päckchen Vanillin-Zucker
- abgeriebene Schale von 1 unbehandelten Zitrone
- 4 Eier (Gr. M)
- 300 g Mehl
- 3 gestrichene TL Backpulver
- Fett und Paniermehl fürs Blech
- 1 EL (15 g) Speisestärke
- Saft von 4 Zitronen (ca. 175 ml)
- 750 g Magerquark
- 400 g Schlagsahne
- 1 Dose (850 ml) Aprikosen
- 1½ Päckchen klarer Tortenguss (1 P. für ¼ l Flüssigkeit)

1. Fett, 150 g Zucker, 1 Päckchen Vanillin-Zucker und Zitronenschale schaumig schlagen. Eier einzeln unterrühren. Mehl und Backpulver mischen und unterrühren. Teig auf ein gefettetes, mit Paniermehl ausgestreutes Backblech (ca. 35 x 40 cm) streichen. Im vorgeheizten Backofen (E-Herd: 175 °C / Umluft: 150 °C/ Gas: Stufe 2) 30–35 Minuten backen. Auskühlen lassen.

2. Stärke und 2 EL Zitronensaft verrühren. Rest Zitronensaft und 50 g Zucker aufkochen. Stärke einrühren, nochmals aufkochen, auskühlen lassen.

3. Quark und 100 g Zucker verrühren. Zitronencreme unterrühren. Sahne steif schlagen und dabei 2 Päckchen Vanillin-Zucker einrieseln lassen. Unter die Quarkmasse heben und auf den Boden streichen. Aprikosen abtropfen lassen, Saft dabei auffangen. Kuchen mit 16 oder nach Belieben mit mehr Aprikosenhälften belegen.

4. Aprikosensaft evtl. mit Wasser auf ⅜ l auffüllen. Tortengusspulver und 1 EL Zucker mischen und mit dem Saft verrühren. Unter Rühren aufkochen. Auf dem Kuchen verteilen und trocknen lassen. Kuchen vierteln, vom Backblech nehmen und ca. 2 Stunden kalt stellen. In Stücke schneiden.

Zubereitungszeit ca. 1¼ Std.
Wartezeit ca. 3 Std.
Pro Stück ca. 410 kcal / 1720 kJ.
E 11 g, F 20 g, KH 43 g

Pfirsichkuchen mit Buttermilchguss

Zutaten für ca. 24 Stücke:

- 4 Dosen (à 850 ml) Pfirsiche
- 250 g weiche Butter/Margarine
- 200 g + 50 g Zucker
- 1 Prise Salz
- 7 Eier (Gr. M)
- 500 g Mehl
- 1 Päckchen Backpulver
- ⅛ l Milch
- Fett und Paniermehl fürs Blech
- ¼ l Buttermilch
- 2 EL Mandelblättchen

1. Pfirsiche abtropfen lassen. Fett, 200 g Zucker und Salz cremig schlagen. 4 Eier nach und nach unterrühren. Mehl und Backpulver mischen. Mit der Milch unter die Ei-Fett-Masse rühren.

2. Teig auf die gefettete, mit Paniermehl ausgestreute Fettpfanne (ca. 32 x 39 cm) streichen. Dann die Pfirsichhälften mit der Wölbung nach oben dicht nebeneinander auf den Teig legen und leicht andrücken.

3. 3 Eier und Buttermilch verquirlen, über die Pfirsiche gießen. Im vorgeheizten Backofen (E-Herd: 200 °C/ Umluft: 175 °C / Gas: Stufe 3) ca. 30 Minuten backen.

4. Anschließend den Kuchen mit Mandelblättchen und 50 g Zucker bestreuen und weitere ca. 15 Minuten backen. Auskühlen lassen. Evtl. mit Schlagsahne servieren.

Zubereitungszeit ca. 1¼ Std. (ohne Wartezeit). Pro Stück ca. 300 kcal / 1260 kJ. E 5 g, F 12 g, KH 41 g

EXTRA-TIPP

Schlagsahne zu Obstkuchen lässt sich auf vielerlei Art aromatisieren. Sie können z. B. 1–2 EL Mandel-, Schokoladen- oder Orangenlikör darunter schlagen. Weitere Varianten ergeben sich durch Zufügen von Vanillemark, Zimt, Orangen- und Zitronen-Zucker oder Instant-Pulver für Milch-Mixgetränke.

Pfirsich-Eierlikör-Kuchen

Zutaten für ca. 20 Stücke:

- 2 Dosen (à 850 ml) Pfirsiche
- 200 g weiche Butter/Margarine
- 150 g Zucker, 1 Prise Salz
- ½ Fläschchen Butter-Vanille-Aroma
- 5 Eier (Gr. M)
- 300 g Mehl
- ½ Päckchen Backpulver
- 10 EL (100 ml) Eierlikör
- Fett für die Fettpfanne
- 2 EL (20 g) Haselnussblättchen
- 2 EL Puderzucker

1. Pfirsiche gut abtropfen lassen. Fett, Zucker, Salz und Aroma cremig rühren. Eier nach und nach unterrühren. Mehl und Backpulver mischen, portionsweise sieben und abwechselnd mit dem Eierlikör unter die Fett-Ei-Creme rühren.

2. Teig in einer gefetteten Fettpfanne (ca. 32 x 39 cm) glatt streichen. Die Pfirsiche mit der Wölbung nach unten gleichmäßig auf dem Teig verteilen und etwas hineindrücken. Mit den Haselnussblättchen bestreuen und im vorgeheizten Backofen (E-Herd: 200 °C / Umluft: 175 °C / Gas: Stufe 3) 25–30 Minuten backen. Kuchen gut auskühlen lassen. Vor dem Anschneiden mit Puderzucker bestäuben. Nach Belieben Schlagsahne dazureichen.

Zubereitungszeit ca. 1 Std.
Pro Stück ca. 240 kcal / 1000 kJ.
E 4 g, F 11 g, KH 30 g

EXTRA-TIPP

Alle Rezepte können auch mit frischem Obst zubereitet werden. Dabei entspricht eine 850-ml-Dose Pfirsiche ca. 850 g frischen Früchten, bei Aprikosen sind es ca. 600 g frische Ware. Die Früchte werden, bevor sie auf den Kuchen gelegt werden, kurz mit heißem Wasser überbrüht, enthäutet und entsteint.

Aprikosen-Kuchen mit Studentenfutter

Zutaten für ca. 24 Stücke:

- 500 g Mehl
- 1 Würfel (42 g) Hefe
- ¼ l Buttermilch
- 1 TL + 125 g Zucker
- 1 Päckchen Vanillin-Zucker
- 1 Prise Salz
- 1 EL (25 g) weiche Butter
- 1 Ei (Gr. M)
- Fett fürs Blech
- 2 Dosen (à 425 ml) Aprikosen
- 150 g Studentenfutter
- 2 EL Puderzucker

1. Mehl in eine Schüssel geben, in die Mitte eine Mulde drücken. Hefe hineinbröckeln. Buttermilch und 1 TL Zucker erwärmen. Zur Hefe in die Mulde gießen und mit etwas von dem Mehl zum Vorteig verrühren. Zugedeckt an einem warmen Ort ca. 30 Minuten gehen lassen.

2. 125 g Zucker, Vanillin-Zucker, Salz, Butter in Stückchen und Ei zum Vorteig geben. Zu einem glatten Teig verkneten. Auf einem gefetteten Backblech (ca. 35 x 40 cm) ausrollen. An einem warmen Ort nochmals ca. 20 Minuten gehen lassen.

3. Aprikosen abtropfen lassen. Das Studentenfutter grob hacken. Die Aprikosen mit der Wölbung nach oben auf dem Teig verteilen und das Studentenfutter darüber streuen. Im vorgeheizten Backofen (E-Herd: 175 °C / Umluft: 150 °C / Gas: Stufe 2) ca. 30 Minuten backen. Kuchen auskühlen lassen. Dann mit Puderzucker bestäuben.

Zubereitungszeit ca. 1¾ Std.
Pro Stück ca. 160 kcal / 670 kJ.
E 4 g, F 3 g, KH 27 g

Aprikosen- & Pfirsichkuchen

Pfirsich-Zitronenkuchen

Zutaten für ca. 16 Stücke:

- 2 Dosen (à 850 ml) Pfirsiche
- 7 Eier (Gr. M)
- 250 g weiche Butter/Margarine
- 150 g + 200 g Zucker
- einige Tropfen Vanille-Aroma
- 1 Prise Salz
- 500 g Mehl
- 1 Päckchen Backpulver
- 100 ml Milch
- abgeriebene Schale von 1 unbehandelten Zitrone
- Fett für die Fettpfanne
- 2 TL Zitronensaft
- Melisse zum Verzieren

1. Pfirsiche abtropfen lassen. 3 Eier trennen. Eiweiß kühl stellen. Fett, 150 g Zucker, Aroma und Salz schaumig schlagen. 4 Eier und die 3 Eigelb nacheinander unterrühren. Mehl und Backpulver mischen, abwechselnd mit Milch und Zitronenschale unterrühren.

2. Teig auf eine gefettete Fettpfanne (ca. 32 x 39 cm) streichen. Pfirsiche mit der gewölbten Seite nach oben gleichmäßig auf dem Teig verteilen. Im vorgeheizten Backofen (E-Herd: 175 °C / Umluft: 150 °C / Gas: Stufe 2) ca. 15 Minuten backen.

3. Inzwischen Eiweiß steif schlagen, dabei 200 g Zucker und Zitronensaft zugeben. Kuchen aus dem Backofen nehmen. Baisermasse zwischen den Pfirsichen verteilen und den Kuchen bei gleicher Temperatur weitere ca. 20 Minuten backen.

4. Kuchen herausnehmen und auskühlen lassen. Mit Melisse verzieren. Dazu schmeckt Sahne.

Zubereitungszeit ca. 1 Std. (ohne Wartezeit). Pro Stück ca. 390 kcal / 1630 kJ. E 7 g, F 16 g, KH 52 g

EXTRA-TIPP

Blechkuchen lassen sich leichter lösen, wenn Sie das Backblech für kurze Zeit auf ein feuchtes Tuch stellen, nachdem Sie es aus dem Ofen genommen haben.

Aprikosen-Gitterkuchen

Zutaten für ca. 25 Stücke:

- 2 Dosen (à 850 ml) Aprikosenhälften
- 225 g Magerquark
- 10 EL Milch
- 9 EL Öl
- 100 g + 50 g Zucker
- abgeriebene Schale von 1 unbehandelten Zitrone
- 450 g Mehl
- 1½ Päckchen Backpulver
- Fett und Paniermehl für die Fettpfanne
- 3 Eier (Gr. M)
- 2 Päckchen Vanillin-Zucker
- 250 g Schmand oder Crème fraîche
- 1 EL (ca. 10 g) Speisestärke
- 4 EL Hagelzucker

1. Aprikosen abtropfen lassen. Quark, 9 EL Milch, Öl, 100 g Zucker und Zitronenschale verrühren. Mehl und Backpulver mischen und unterkneten.

2. Eine Fettpfanne (ca. 30 x 40 cm) fetten und mit Paniermehl ausstreuen. ⅔ des Teiges darauf ausrollen.

3. 1 Ei trennen. Eiweiß, ganze Eier, 50 g Zucker, Vanillin-Zucker, Schmand und Stärke verrühren. Auf den Teig streichen und mit Aprikosen belegen.

4. Übrigen Teig zum Quadrat (ca. 30 x 30 cm) ausrollen, in 3 breite Streifen schneiden. Jeweils mit dem Gitterschneider darüber rollen, etwas auseinander ziehen und über die Früchte legen (oder den Teig in schmale Streifen schneiden und als Gitter darüber legen). Restliches Eigelb und 1 EL Milch verquirlen. Das Gitter damit bestreichen. Mit Hagelzucker bestreuen. Im heißen Backofen (E-Herd: 175 °C / Umluft: 150 °C/ Gas: Stufe 2) ca. 30 Minuten backen.

Zubereitungszeit ca. 1¼ Std.
Pro Stück ca. 220 kcal / 920 kJ.
E 5 g, F 7 g, KH 33 g

Phantastische K

Kirschkuchen kommen immer gut an, ob mit Pudding, Buttercreme, Schmandguss, Joghurt oder Sahne. Probieren Sie das eine oder andere Rezept mal aus. Familie und Gäste werden Ihnen garantiert bestätigen: „Mit dir ist aber gut Kirschen essen!“

rschkuchen

... damit ernten Sie Komplimente

Vanille-Kirsch-Schnitten

Zutaten für ca. 24 Stücke:

- 250 g weiche Butter/Margarine
- 175 g + 2 EL + 60 g Zucker
- 1 Päckchen Vanillin-Zucker
- 4 Eier (Gr. M)
- 250 g Mehl
- 2 TL Backpulver
- 1 l Milch
- Fett für die Form
- 1 kg frische Sauerkirschen und ½ l Kirschsaft oder 2 Gläser (à 720 ml) Kirschen
- 50 g Speisestärke
- abgeriebene Schale von 1 unbehandelten Zitrone
- 2 Päckchen Puddingpulver „Vanille" (für je ½ l Milch; zum Kochen)
- 2 EL Mandelblättchen
- 200 g Schlagsahne

1. Fett, 175 g Zucker und Vanillin-Zucker hellcremig rühren. Eier einzeln unterrühren. Mehl und Backpulver mischen. Im Wechsel mit 100 ml Milch unterrühren. Ein Backblech (ca. 35 x 40 cm) fetten und den Teig darauf streichen. Den Rührteigboden im vorgeheizten Backofen (E-Herd: 200 °C / Umluft: 175 °C / Gas: Stufe 3) 20–25 Minuten backen.

2. Kirschen waschen und entsteinen (Kirschen aus dem Glas abtropfen lassen, dabei ½ l Saft auffangen). Stärke und 5 EL Saft verrühren. Restlichen Saft, 2 EL Zucker und Zitronenschale aufkochen. Stärke einrühren, nochmals aufkochen. Kirschen unterheben.

3. Puddingpulver und 60 g Zucker in 100 ml Milch anrühren. 800 ml Milch aufkochen. Pudding einrühren und nochmals aufkochen. Pudding und Kompott in Streifen auf den Boden füllen. Ca. 3 Stunden kühl stellen.

4. Mandeln rösten. Sahne steif schlagen. Kuchen in Stücke schneiden, mit Sahne und Mandeln verzieren.

Zubereitungszeit ca. 1¼ Std.
Wartezeit ca. 3 Std.
Pro Stück ca. 290 kcal / 1210 kJ.
E 4 g, F 15 g, KH 33 g

Kirsch-Eierlikör-Kuchen

Zutaten für ca. 24 Stücke:

- 1 kg frische oder 2 Gläser (à 720 ml) Sauerkirschen
- 100 g Zartbitter-Schokolade
- 500 g weiche Butter/Margarine
- 500 g Zucker
- 1 Prise Salz
- 8 Eier (Gr. M)
- 500 g Mehl
- 2 TL Backpulver
- ¼ l + ca. 5 EL Eierlikör
- Fett und Paniermehl für die Fettpfanne
- 200 g Schmand oder Crème fraîche
- 400 g Schlagsahne
- 2 Päckchen Vanillin-Zucker
- evtl. frische Kirschen, gehackte Schokolade und Minze zum Verzieren

1. Kirschen waschen, trockentupfen, entstielen und entsteinen. Schokolade grob hacken. Fett, Zucker und Salz cremig rühren. Eier einzeln unterrühren. Mehl und Backpulver mischen und im Wechsel mit ¼ l Eierlikör unterrühren. Dann die Schokolade unterziehen.

2. Teig auf eine gefettete, mit Paniermehl ausgestreute Fettpfanne (ca. 32 x 39 cm) streichen. Kirschen darauf verteilen. Im vorgeheizten Backofen (E-Herd: 175 °C / Umluft: 150 °C/ Gas: Stufe 2) 50–55 Minuten backen. Anschließend auskühlen lassen.

3. Schmand und Sahne steif schlagen, Dabei den Vanillin-Zucker einrieseln lassen. Schmand-Sahne auf den Kirschkuchen geben und wellenförmig verstreichen. Mit ca. 5 EL Eierlikör und nach Belieben mit frischen Kirschen, gehackter Schokolade und Minze verzieren.

**Zubereitungszeit ca. 1½ Std. (ohne Wartezeit).
Pro Stück ca. 500 kcal / 2100 kJ.
E 6 g, F 28 g, KH 47 g**

Kirsch-Rosetten-Kuchen

Zutaten für ca. 24 Stücke:

- 100 ml + 700 ml + 100 ml Milch
- 150 g + 200 g Zucker
- 2 Päckchen Puddingpulver „Vanille“ (für je ½ l Milch; zum Kochen)
- 2 Gläser (à 720 ml) Kirschen
- 750 g Magerquark
- 2 Eier (Gr. M), 1 Prise Salz
- 2 Päckchen Vanillin-Zucker
- 100 ml Öl
- 750 g Mehl
- 2 Päckchen Backpulver
- ca. 1 EL Hagelzucker

1. 100 ml Milch, 150 g Zucker und Puddingpulver verrühren. 700 ml Milch aufkochen. Puddingpulver einrühren und unter Rühren nochmals aufkochen. Pudding auskühlen lassen.

2. Kirschen abtropfen lassen. Magerquark, Eier, Salz, 200 g Zucker, Vanillin-Zucker, Öl und 100 ml Milch verrühren. Mehl und Backpulver mischen und unterkneten.

3. Quark-Öl-Teig auf einer bemehlten Arbeitsfläche zu einem Rechteck (ca. 50 x 60 cm) ausrollen. Pudding darauf streichen. Mit Kirschen belegen. Von der Längsseite her aufrollen und in ca. 24 Scheiben schneiden.

4. Scheiben nebeneinander in eine gefettete Fettpfanne (ca. 32 x 39 cm) setzen. Im heißen Ofen (E-Herd: 200 °C / Umluft: 175 °C / Gas: Stufe 3) 40–45 Minuten backen. Abkühlen lassen und dann mit Hagelzucker bestreuen. Dazu passt Schmand.

Zubereitungszeit ca. 1¼ Std. (ohne Wartezeit).
Pro Stück ca. 300 kcal / 1260 kJ.
E 9 g, F 6 g, KH 50 g

Kirschkuchen

Kirschkuchen mit Schmandguss

Zutaten für ca. 24 Stücke:

- 1,5 kg Sauerkirschen
- 250 g weiche Butter/Margarine
- 250 g + 100 g Zucker
- 1 Päckchen Vanillin-Zucker
- 1 Prise Salz
- 6 Eier (Gr. M)
- ½ TL Zimt
- 3 EL Milch
- 500 g Mehl
- 1 Päckchen Backpulver
- 75 g Marzipan-Rohmasse
- 500 g Schmand oder Crème fraîche
- Puderzucker

1. Kirschen waschen, entstielen und entsteinen. Fett, 250 g Zucker, Vanillin-Zucker und 1 Prise Salz schaumig rühren. Nach und nach 3 Eier darunter rühren. Zimt und Milch zufügen. Mehl und Backpulver mischen und sieben, dann unter die Fett-Ei-Creme rühren.

2. Teig auf ein gefettetes Backblech (ca. 35 x 40 cm) streichen. Kirschen darauf verteilen. Im vorgeheizten Backofen (E-Herd: 200 °C / Umluft: 175 °C / Gas: Stufe 3) ca. 15 Minuten backen.

3. 3 Eier, 100 g Zucker, Marzipan-Rohmasse und Schmand verrühren. Guss auf den Kuchen streichen. Weitere 45 Minuten backen. Auskühlen lassen. Mit Puderzucker bestäuben.

Zubereitungszeit ca. 1¾ Std.
Pro Stück ca. 330 kcal / 1380 kJ.
E 6 g, F 16 g, KH 38 g

EXTRA-TIPP

Bei Verwendung von entsteinten Sauerkirschen aus dem Glas: 1 Glas à 720 ml entspricht 500 g frischen Kirschen.

Kirsch-Butterkuchen

Zutaten für ca. 24 Stücke:

- 500 g Mehl
- 1 Prise Salz
- 1 Päckchen Vanillin-Zucker
- 100 g + 75 g Zucker
- 1 Beutel Trockenhefe
- 75 g + 100 g Butter
- ¼ l Milch
- 1 Ei (Gr. M)
- 2 Gläser (à 720 ml) Kirschen
- Fett fürs Blech
- 200 g Mandelstifte
- 2–3 EL (50 g) Puderzucker
- nach Belieben Schlagsahne zum Verzieren

1. Mehl, Salz, Vanillin-Zucker, 100 g Zucker und Hefe vermengen. 75 g Butter schmelzen, Milch zugießen. Mit dem Ei zum Mehl geben und alles mit den Knethaken des Handrührgerätes zu einem glatten Teig verarbeiten. Zugedeckt an einem warmen Ort ca. 45 Minuten gehen lassen.

2. Kirschen gut abtropfen lassen. Teig durchkneten und auf einem gefetteten Backblech (ca. 35 x 40 cm) ausrollen. Kirschen gleichmäßig auf dem Teig verteilen und mit 75 g Zucker bestreuen. Teig nochmals ca. 15 Minuten gehen lassen.

3. Kuchen im vorgeheizten Backofen (E-Herd: 200 °C / Umluft: 175 °C / Gas: Stufe 3) ca. 10 Minuten vorbacken.

4. 100 g Butter würfeln. Mit den Mandelstiften auf dem Kuchen verteilen und weitere ca. 15 Minuten fertig backen. Kuchen auskühlen lassen. Mit Puderzucker bestäuben, in Stücke schneiden und evtl. jeweils mit einem Klecks Sahne verzieren.

Zubereitungszeit ca. 2 Std.
Pro Stück ca. 250 kcal / 1050 kJ.
E 5 g, F 11 g, KH 31 g

EXTRA-TIPP

Bei Verwendung von Trockenhefe erübrigt sich der Vorteig. Ein Beutel à 7 g entspricht ca. 25 g Frischhefe, reicht für 500 g Mehl. Sie hält sich ca. 2 Jahre (Mindesthaltbarkeitsdatum).

Kirschkuchen

Kirsch-Streuselkuchen

Zutaten für ca. 20 Stücke:

- 1 kg frische oder 2 Gläser (à 720 ml) Sauerkirschen
- 250 g + 150 g weiche Butter/Margarine
- 150 g + 150 g Zucker
- 1 Päckchen Vanillin-Zucker
- 1 Prise Salz
- 5 Eier (Gr. M)
- 400 g + 200 g Mehl
- 1 Päckchen Backpulver
- 5–7 EL (75 ml) Milch
- Fett fürs Blech

1. Sauerkirschen waschen, gut trockentupfen, entstielen und entsteinen.

2. 250 g Fett, 150 g Zucker, Vanillin-Zucker und Salz mit den Schneebesen des Handrührgerätes cremig rühren. Die Eier einzeln unterrühren. 400 g Mehl und Backpulver mischen. Dann portionsweise sieben, im Wechsel mit der Milch kurz unterrühren.

3. Den Rührteig auf ein gefettetes Backblech (ca. 35 x 40 cm) streichen. Die Kirschen gleichmäßig darauf verteilen und etwas in den Teig drücken.

4. Für den Streuselteig 200 g Mehl, 150 g Zucker und 150 g Fett zuerst mit den Knethaken des Handrührgerätes, dann kurz mit den Händen verkneten. Zu Streuseln formen und gleichmäßig über den Kirschen verteilen.

5. Den Kuchen im vorgeheizten Backofen (E-Herd: 175 °C / Umluft: 150 °C/ Gas: Stufe 2) 35–40 Minuten backen. Dazu schmeckt Schlagsahne.

Zubereitungszeit ca. 1¼ Std.
Pro Stück ca. 370 kcal / 1550 kJ.
E 6 g, F 19 g, KH 42 g

Kirsch-Schnitten mit Nussjoghurt

Zutaten für ca. 8 Stücke:

- 300 g TK-Blätterteig
- 1 Eigelb
- 750 g Sauerkirschen
- ¼ l Kirschsaft
- 2 EL Speisestärke
- 6 Blatt weiße Gelatine
- 750 g Haselnuss-Joghurt
- 2 EL Puderzucker
- evtl. Minze zum Verzieren
- Alufolie

1. Blätterteig auftauen lassen. Aufeinander legen, zu einem Rechteck (ca. 30 x 40 cm) ausrollen. Auf ein kalt abgespültes Backblech legen, öfter einstechen. Ca. 15 Minuten ruhen lassen.

2. Blätterteig mit Eigelb bestreichen. Im vorgeheizten Backofen (E-Herd: 200 °C / Umluft: 175 °C / Gas: Stufe 3) ca. 15 Minuten backen.

3. Blätterteig längs halbieren. Eine Hälfte in 8 gleich große Stücke schneiden. Um die zweite Hälfte einen doppelt gefalteten Alufolienrand legen.

4. Kirschen waschen, einige beiseite legen. Rest entstielen und entsteinen. Saft aufkochen. Speisestärke und 2 EL Wasser verrühren. In den Saft rühren, aufkochen. Kirschen unterheben. Auskühlen lassen und auf die Teigplatte streichen.

5. Gelatine einweichen, ausdrücken und auflösen. Mit Joghurt verrühren. Auf das Kompott streichen. Dann ca. 2 Stunden kalt stellen. Teigstücke darauf legen. Mit Puderzucker bestäuben und aufschneiden. Mit Kirschen und Minze verzieren.

Zubereitungszeit ca. 1 Std.
Wartezeit ca. 2½ Std.
Pro Stück ca. 370 kcal / 1550 kJ.
E 8 g, F 16 g, KH 47 g

Kirsch-Schoko-Ecken

Zutaten für ca. 32 Stücke:

- 1 Glas (680 ml) Sauerkirschen
- 250 g + 250 g weiche Butter/Margarine
- 250 g Zucker
- 5 Eier (Gr. M)
- 350 g Mehl
- 3 TL Backpulver
- Fett fürs Blech
- 1 P. Puddingpulver „Schokolade" (für ½ l Milch; zum Kochen)
- ½ l Milch
- 100 g Puderzucker
- 400 g weiße Kuvertüre
- 75 g Halbbitter-Kuvertüre
- Kirschen, Schokoblättchen und Pistazien zum Verzieren

1. Kirschen abtropfen lassen. 250 g Fett und Zucker schaumig rühren. Eier einzeln unterrühren. Mehl und Backpulver mischen, portionsweise sieben und unterrühren. Teig auf ein gefettetes Backblech streichen. Kirschen darauf verteilen. Im heißen Backofen (E-Herd: 175 °C / Umluft: 150 °C / Gas: Stufe 2) 25–30 Minuten backen.

2. Das Puddingpulver und 4 EL Milch glatt rühren. Restliche Milch aufkochen. Puddingpulver einrühren und nochmals aufkochen. Anschließend Pudding mit Klarsichtfolie abgedeckt erkalten lassen.

3. 250 g Fett und Puderzucker cremig rühren. Pudding esslöffelweise unterrühren. Auf den Kuchen streichen. Ca. 2 Stunden kalt stellen.

4. Weiße Kuvertüre hacken, im heißen Wasserbad schmelzen, dünn mit einem Messer auf die Creme streichen. Dunkle Kuvertüre hacken, im heißen Wasserbad schmelzen. In einen Gefrierbeutel füllen und eine Ecke abschneiden. In feinen Streifen auf den weißen Guss spritzen. Kuchen mit Kirschen, Schokoblättern und Pistazien verzieren.

Zubereitungszeit ca. 1½ Std.
Wartezeit ca. 3 Std.
Pro Stück ca. 330 kcal / 1380 kJ.
E 4 g, F 19 g, KH 33 g

Kirschkuchen mit Mandelkrokant

Zutaten für ca. 24 Stücke:

- 100 g + 250 g weiche Butter/Margarine
- 100 g + 200 g Zucker
- 1 Päckchen Vanillin-Zucker
- 250 g Schlagsahne
- 300 g Mandelblättchen
- 2 Gläser (à 720 ml) Sauerkirschen
- 5 Eier (Gr. M)
- 500 g Mehl
- 1 Päckchen Backpulver
- ca. 200 ml Milch
- Fett für die Fettpfanne

1. 100 g Fett schmelzen. 100 g Zucker und den Vanillin-Zucker darin auflösen. Sahne zugießen und Mandeln unterrühren. Mandelmasse einmal aufkochen und abkühlen lassen.

2. Kirschen abtropfen lassen. 250 g Fett und 200 g Zucker schaumig rühren. Eier nacheinander unterrühren. Mehl und Backpulver mischen und sieben. Abwechselnd mit der Milch unter den Teig rühren.

3. Fettpfanne (ca. 35 x 40 cm) fetten. Teig darauf glatt streichen. Kirschen auf dem Teig verteilen. Im vorgeheizten Backofen (E-Herd: 175 °C / Umluft: 150 °C / Gas: Stufe 2) ca. 20 Minuten vorbacken.

4. Mandelmasse gleichmäßig auf dem Kuchen verteilen. Bei gleicher Temperatur weitere 30–35 Minuten backen. Auskühlen lassen.

Zubereitungszeit ca. 1½ Std. (ohne Wartezeit).
Pro Stück ca. 410 kcal / 1720 kJ.
E 7 g, F 26 g, KH 33 g

Kirschkuchen

Kirsch-Schnitten mit Kokos-Baiser

Zutaten für ca. 20 Stücke:

- 1 kg Sauerkirschen
- 6 Eier (Gr. M)
- 200 g weiche Butter/Margarine
- 125 g + 375 g Zucker
- 2 Päckchen Vanillin-Zucker
- 2 Eigelb (Gr. M)
- 150 g + 25 g Mehl
- 150 g Speisestärke
- 2 gehäufte TL Backpulver
- Fett für die Fettpfanne
- 175 g Kokosraspel
- evtl. Zitronenmelisse

1. Kirschen waschen, abtropfen und entsteinen. Eier trennen. Fett, 125 g Zucker und Vanillin-Zucker schaumig rühren. Alle 8 Eigelb einzeln unterrühren. 150 g Mehl, Stärke und Backpulver mischen, portionsweise darüber sieben und kurz unterrühren.

2. Eine Fettpfanne (ca. 32 x 39 cm) einfetten. Den Teig darin gleichmäßig flachdrücken.

3. Kirschen mit 25 g Mehl mischen und auf dem Teig verteilen. Im heißen Backofen (E-Herd: 175 °C / Umluft: 150 °C / Gas: Stufe 2) 25–30 Minuten vorbacken.

4. Inzwischen 6 Eiweiß steif schlagen. Zum Schluss 375 g Zucker einrieseln lassen. Die Kokosraspel, bis auf 2 EL, unterheben. Kokosbaiser auf den Kuchen streichen. Mit den übrigen Kokosraspeln bestreuen.

5. Kuchen weitere 20–25 Minuten bei gleicher Temperatur backen. Dann auskühlen lassen. Kuchen in Stücke schneiden und evtl. mit Zitronenmelisse verzieren.

Zubereitungszeit ca. 1¾ Std.
Pro Stück ca. 360 kcal / 1510 kJ.
E 5 g, F 17 g, KH 44 g

Windbeutel „Schwarzwälder Art“

Zutaten für ca. 10 Stück:

- 1 TL + 100 g Zucker
- 1 Prise Salz
- 100 g Butter/Margarine
- 150 g Mehl
- 4 Eier (Gr. M)
- 500 g frische oder 1 Glas (720 ml) Süß- oder Sauerkirschen
- 350 ml Kirschsaft
- 1 geh. EL (20 g) Speisestärke
- 100 g Halbbitter-Kuvertüre
- 30 g Kokosfett
- 1 EL gehackte Pistazien
- 500 g Schlagsahne
- 1 Päckchen Sahnefestiger
- 2 Päckchen Vanillin-Zucker
- Backpapier

1. ¼ l Wasser, 1 TL Zucker, Salz und Fett aufkochen. Mehl auf einmal zugeben. Rühren, bis sich der Teig als Kloß vom Topfboden löst und sich dort ein weißer Film bildet. Vom Herd ziehen. 1 Ei unterrühren und abkühlen lassen. 3 Eier einzeln unterrühren.

2. In einen Spritzbeutel mit großer Sterntülle füllen. Ca. 10 Windbeutel (ca. 8 cm Ø) auf mit Backpapier ausgelegte Backbleche spritzen. Nacheinander im heißen Ofen (E-Herd: 225 °C / Umluft: 200 °C / Gas: Stufe 4) ca. 30 Minuten backen. Windbeutel mit der Schere halbieren und auskühlen lassen.

3. Kirschen waschen, entstielen, entsteinen. 3 EL Saft und Stärke verrühren. Rest Saft, Kirschen und 100 g Zucker aufkochen. 2–3 Minuten köcheln. Stärke einrühren, aufkochen. Auskühlen lassen.

4. Kuvertüre und Kokosfett hacken und im heißen Wasserbad schmelzen. Deckel der Windbeutel kurz hineintauchen und mit Pistazien bestreuen. Trocknen lassen.

5. Sahne mit Sahnefestiger und Vanillin-Zucker steif schlagen. Böden der Windbeutel mit Sahne und Kirsch-Kompott füllen. Deckel darauf setzen.

Zubereitungszeit ca. 1¾ Std. (ohne Wartezeit). Pro Stück ca. 530 kcal / 2220 kJ. E 7 g, F 35 g, KH 42 g

Heiß geliebte

Diese Prachtstücke möchte man am liebsten jeden Sonntag genießen. Leider gibt es frische Pflaumen und Zwetschen nur begrenzte Zeit. Grund genug, die leckeren Plattenkuchen gleich auf Vorrat zu backen und als Lichtblick für trübe Wintertage einzufrieren

Makronen-Pflaumenkuchen

Zutaten für ca. 24 Stücke:

- 2–2,5 kg Pflaumen
- 250 g weiche Butter/Margarine
- 200 g + 50 g + 125 g Zucker
- 1 Päckchen Vanillin-Zucker
- 5 Eier (Gr. M)
- 350 g Mehl
- 1 Prise Salz
- 2 gestrichene TL Backpulver
- 2–3 EL Milch
- Fett für die Fettpfanne
- 1 EL Zitronensaft
- 150 g gemahlene Mandeln
- 200 g Marzipan-Rohmasse
- 2 EL Mandelblättchen

1. Pflaumen waschen, abtropfen lassen und entsteinen.

2. Fett, 200 g Zucker und Vanillin-Zucker schaumig rühren. 2 Eier trennen. Ganze Eier und Eigelb einzeln unterrühren. Mehl, Salz und Backpulver mischen und sieben. Im Wechsel mit der Milch unterrühren.

3. Eine Fettpfanne fetten. Teig darauf streichen. Dicht an dicht mit Pflaumen belegen. 50 g Zucker darüber streuen. Kuchen im heißen Backofen (E-Herd: 200 °C / Umluft: 175 °C / Gas: Stufe 3) ca. 35 Minuten backen.

4. Übrig gebliebenes Eiweiß und Zitronensaft steif schlagen. Dabei nach und nach 125 g Zucker und Mandeln einrieseln lassen. Marzipan fein zerbröckeln und unterrühren.

5. Makronenmasse in einen Spritzbeutel mit mittelgroßer Sterntülle füllen. Als Gitter auf den Kuchen spritzen. Mandelblättchen darüber streuen. Kuchen bei gleicher Temperatur weitere 10–12 Minuten backen. Auskühlen lassen.

Zubereitungszeit ca. 1½ Std.
Pro Stück ca. 330 kcal / 1380 kJ.
E 6 g, F 17 g, KH 37 g

EXTRA-TIPP

Wenn das Fett zum Einfetten des Blechs nicht weich genug ist, am besten mit Küchenpapier aufnehmen und gleichmäßig verreiben.

Pflaumenkuchen

... pur, mit Guss, Baiser oder Makronenmasse

Pflaumenkuchen

Zwetschen-Hefekuchen

Zutaten für ca. 20 Stücke:

- 30 g frische Hefe
- 50 g Zucker
- 375 g Mehl
- 1 Ei (Gr. M)
- 1 Prise Salz
- abgeriebene Schale von ½ unbehandelten Zitrone
- ½ TL gemahlener Zimt
- 150 ml Milch
- 60 g Butter/Margarine
- 2–2,5 kg Zwetschen
- Fett fürs Blech
- 4 EL Aprikosen-Konfitüre
- 3 EL Hagelzucker

1. Hefe und Zucker verrühren. Mit Mehl, Ei, Salz, Zitronenschale und Zimt in eine Schüssel geben. Milch und Fett leicht erwärmen und zur Mehlmischung gießen. Alles mit den Knethaken des Handrührgerätes zu einem glatten Teig verkneten. An einem warmen Ort ca. 15 Minuten gehen lassen. Nochmals kräftig durchkneten und weitere 15 Minuten gehen lassen.

2. Zwetschen waschen, kreuzweise tief einschneiden und den Stein dann herauslösen. Oder einen Pflaumen-Entsteiner verwenden.

3. Teig auf einem gefetteten Backblech (ca. 35 x 40 cm) oder einer Fettpfanne ausrollen und dicht mit Zwetschen belegen. Nochmals ca. 15 Minuten gehen lassen. Im vorgeheizten Backofen (E-Herd: 200 °C/ Umluft: 175 °C / Gas: Stufe 3) 25–30 Minuten backen.

4. Konfitüre erwärmen, bis sie flüssig wird. Den noch warmen Kuchen gleichmäßig damit bestreichen und auskühlen lassen. Vor dem Servieren mit Hagelzucker bestreuen. Schlagsahne dazureichen.

Zubereitungszeit ca. 1¾ Std.
Pro Stück ca. 160 kcal / 670 kJ.
E 3 g, F 3 g, KH 28 g

Pflaumen-Krokant-Schnitten

Zutaten für 12–14 Stücke:

- 1 Packung (300 g) TK-Blätterteig
- 75 g + 150 g weiche Butter
- 75 g + 25 g + 75 g Zucker
- 1 EL Honig
- 100 g Haselnussblättchen
- ½ l Milch
- Fett und Mehl fürs Blech
- 1 Päckchen Puddingpulver „Echt Karamel" (für ½ l Milch)
- 1 Glas (680 ml) Pflaumen
- 45 g Speisestärke
- ¼ l Sauerkirsch-Nektar
- 1 Zimtstange

1. Blätterteig auftauen. 75 g Butter, 75 g Zucker, Honig und Nüsse erhitzen, 2 Minuten köcheln lassen. 2–3 EL Milch unterrühren.

2. Teigplatten aufeinander legen. Auf einem gefetteten bemehlten Blech auf ca. 30 x 40 cm ausrollen. Krokant auf eine Hälfte streichen. Im heißen Backofen (E-Herd: 200 °C / Umluft: 175 °C/ Gas: Stufe 3) ca. 15 Minuten backen. Platte sofort nach dem Backen halbieren. Die Krokant-Hälfte in 12–14 Stücke schneiden.

3. 5 EL Milch mit Puddingpulver verrühren. Restliche Milch aufkochen. Das Puddingpulver einrühren und nochmals aufkochen lassen. Den Karamel-Pudding abkühlen lassen, dabei gelegentlich umrühren, damit sich keine Haut bildet.

4. Pflaumen in einem Sieb abtropfen lassen, Saft dabei auffangen. 100 ml Saft und Stärke verrühren. Restlichen Saft, Nektar, Zimt und 25 g Zucker aufkochen. Mit Stärke binden und nochmals aufkochen. Pflaumen unterrühren. Zimt entfernen. Kompott auf die große Teigplatte streichen.

5. 150 g Butter und 75 g Zucker schaumig rühren. Den Pudding esslöffelweise unterrühren. Creme auf das Kompott streichen. Zuletzt die Krokantstücke darauf legen.

Zubereitungszeit ca. 1¼ Std.
Pro Stück ca. 490 kcal / 2050 kJ.
E 4 g, F 30 g, KH 48 g

Pflaumen-Aprikosen-Kuchen mit Eierlikör-Sahne

Zutaten für ca. 20 Stücke:

- 75 g Butter/Margarine
- 300 ml Milch
- 1 Würfel (42 g) frische Hefe
- 500 g Mehl
- 125 g Zucker
- abgeriebene Schale von 1 unbehandelten Zitrone
- 1 Prise Salz
- 1 Ei (Gr. M)
- 750 g Pflaumen
- 1½ (à 850 ml) oder 3 Dosen (à 425 ml) Aprikosen
- Fett für die Fettpfanne
- 75 g Aprikosen-Konfitüre
- 100 g Mandelblättchen
- 200 g Schlagsahne
- 3–4 EL Eierlikör

1. Fett schmelzen. Milch zugießen und die Hefe darin auflösen. Mit Mehl, Zucker, Zitronenschale, Salz und Ei zu einem Teig verkneten. Zugedeckt an einem warmen Ort 30–40 Minuten gehen lassen.

2. Pflaumen waschen, halbieren, entsteinen. Aprikosen abtropfen lassen. Teig nochmals durchkneten. Auf der gefetteten Fettpfanne (ca. 32 x 39 cm) ausrollen. Zugedeckt weitere ca. 15 Minuten gehen lassen.

3. Hefeteig streifenweise mit den Früchten belegen. Im heißen Backofen (E-Herd 200 °C / Umluft: 175 °C/ Gas: Stufe 3) 20–25 Minuten backen. Konfitüre unter Rühren erwärmen. Früchte damit bestreichen. Mandeln darüber streuen. Kuchen noch ca. 10 Minuten backen. Auskühlen lassen.

4. Sahne steif schlagen und den Eierlikör unterziehen. Kuchen in Stücke schneiden und mit der Eierlikörsahne servieren.

Zubereitungszeit ca. 2 Std. (ohne Wartezeit).
Pro Stück ca. 270 kcal / 1130 kJ.
E 5 g, F 10 g, KH 39 g

Zwetschen-Kuchen mit Rahmguss

Zutaten für ca. 20 Stücke:

- 250 g weiche Butter/Margarine
- 250 g + 50 g Zucker
- 1 Päckchen Vanillin-Zucker
- 1 Prise Salz
- 6 Eier (Gr. M)
- 300 g Mehl
- 100 g gemahlene Mandeln
- 1 TL Backpulver
- Fett für die Fettpfanne
- 1,2–1,5 kg Zwetschen
- 250 g Schmand oder saure Sahne
- 2 TL Zimt

1. Fett, 250 g Zucker, Vanillin-Zucker und Salz schaumig rühren. 4 Eier nach und nach unterrühren. Mehl, Mandeln und Backpulver mischen, unterrühren. Teig auf eine gefettete Fettpfanne (ca. 32 x 39 cm) streichen.

2. Zwetschen waschen, entsteinen und auf dem Teig verteilen. Im vorgeheizten Backofen (E-Herd: 175 °C/ Umluft: 150 °C / Gas: Stufe 2) ca. 1 Stunde backen.

3. Inzwischen Schmand, 50 g Zucker, 2 Eier und Zimt verquirlen. Den Guss nach ca. 30 Minuten Backzeit über den Kuchen gießen. Bei gleicher Temperatur fertig backen.

Zubereitungszeit ca. 2 Std.
Pro Stück ca. 310 kcal / 1300 kJ.
E 5 g, F 15 g, KH 37 g

Pflaumenkuchen

Zwetschenkuchen mit Karamellmandeln

Zutaten für ca. 20 Stücke:

- 150 ml Milch
- 375 g Mehl
- 30 g frische Hefe
- 50 g + 150 g Zucker
- 50 g + 100 g Butter/Margarine
- 1 Ei (Gr. M), 1 Prise Salz
- 1,5 kg Zwetschen
- 150 g Mandelblättchen
- Fett fürs Blech
- 40 g Johannisbeergelee

1. Milch erwärmen. Mehl in eine Schüssel geben. Eine Mulde in das Mehl drücken. Zerbröckelte Hefe und 50 g Zucker in die Mulde geben. Mit etwas Milch verrühren. Zugedeckt ca. 15 Minuten gehen lassen. 50 g Fett, Ei, Salz und restliche Milch zugeben. Zu einem glatten Teig verkneten. Zugedeckt ca. 20 Minuten gehen lassen.

2. Zwetschen waschen und entsteinen. 150 g Zucker in einem Topf goldgelb karamellisieren. Mandeln und 100 g Fett unterrühren.

3. Den Teig nochmals kräftig durchkneten. Ein Backblech fetten und mit dem Teig auslegen. Dann weitere ca. 20 Minuten gehen lassen.

4. Teig dicht mit Zwetschen belegen. Mandelkrokant darauf verteilen. Im vorgeheizten Backofen (E-Herd: 200 °C / Umluft: 175 °C / Gas: Stufe 3) 30–35 Minuten backen. Gelee leicht erwärmen. Die Zwetschen damit bestreichen. Kuchen auskühlen lassen.

Zubereitungszeit ca. 2 Std.
Pro Stück ca. 330 kcal / 1380 kJ.
E 6 g, F 15 g, KH 41 g

Pflaumen-Marzipan-Schnitten mit Baiser

Zutaten für ca. 20 Stücke:

- 2 kg Pflaumen/Zwetschen
- 200 g Marzipan-Rohmasse
- 8 Eier (Gr. M)
- 300 g weiche Butter/Margarine
- 150 g + 3 EL + 150 g Zucker
- 1 Päckchen Vanillin-Zucker
- 1 Prise Salz
- 500 g Mehl
- 1 Päckchen Backpulver
- Fett fürs Blech
- 1 TL Zitronensaft
- 50 g Mandelblättchen
- evtl. 1–2 EL Hagelzucker und Minze zum Verzieren

1. Pflaumen putzen, waschen und entsteinen. Marzipan würfeln. 2 Eier trennen. Fett, 150 g Zucker, Vanillin-Zucker und Salz cremig rühren. Die Marzipanwürfel unterrühren. 6 Eier und 2 Eigelb nach und nach gut unterrühren. Mehl und Backpulver mischen und portionsweise kurz unterrühren.

2. Teig auf ein gefettetes Backblech (ca. 35 x 40 cm) streichen. Pflaumen dicht an dicht (z. B. dachziegelartig) darauf verteilen. Mit 3 EL Zucker bestreuen. Im vorgeheizten Backofen (E-Herd: 175 °C / Umluft: 150 °C/ Gas: Stufe 2) ca. 40 Minuten backen.

3. 2 Eiweiß und Zitronensaft steif schlagen. Unter weiterem Schlagen 150 g Zucker einrieseln lassen. So lange weiterschlagen, bis er sich vollständig gelöst hat. In einen Spritzbeutel mit Sterntülle füllen. Ca. 20 Baisertuffs auf den Kuchen spritzen. Bei gleicher Temperatur weitere ca. 10 Minuten backen.

4. Kuchen mit Mandeln bestreuen und bei gleicher Temperatur weitere ca. 10 Minuten backen. Auskühlen lassen. Pflaumenkuchen mit Hagelzucker und Minze verzieren.

Zubereitungszeit ca. 2 Std.
Pro Stück ca. 430 kcal / 1800 kJ.
E 7 g, F 19 g, KH 54 g

Frische Apfelku

Paradiesisch lecker! Mit einem dieser saftigen Apfelkuchen hätte Eva ihren Adam noch leichter betören können. Streusel, Marzipan oder Mandeln geben den Extra-Pfiff

chen

... in verführerischen Varianten

Apfelkuchen mit Zimtstreuseln

Zutaten für ca. 20 Stücke:

Für Hefeteig und Füllung:

- ½ l Milch
- 75 g Butter/Margarine
- ½ Würfel Hefe (20 g)
- 375 g Mehl
- 75 g + 125 g Zucker
- 1 Ei (Gr. M)
- 1 Prise Salz
- Saft und Schale von 1 unbehandelten Zitrone
- 2 kg Äpfel (z. B. Boskop)
- ⅛ l Weißwein oder Apfelsaft
- Mehl für die Arbeitsfläche
- Fett fürs Backblech

Für die Streusel:

- 300 g Mehl, 150 g Zucker
- ⅛ TL Zimt
- 200 g Butter/Margarine
- 1 EL Puderzucker

1. Milch erwärmen. Fett darin schmelzen. Hefe hineinbröckeln und darin auflösen. Mehl, 75 g Zucker, Ei, Salz und Zitronenschale vermischen. Hefemilch zugießen und alles zu einem geschmeidigen Teig verkneten. Zugedeckt an einem warmen Ort 30 Minuten gehen lassen.

2. In der Zwischenzeit Äpfel schälen, waschen, entkernen und in Spalten schneiden. Mit Zitronensaft vermischen. Wein oder Saft, 125 g Zucker und ⅛ l Wasser aufkochen. Apfelspalten darin 2 Minuten dünsten. Abkühlen lassen.

3. Hefeteig auf einer bemehlten Arbeitsfläche mit den Händen durchkneten. Auf einem gefetteten Blech (35 x 40 cm) ausrollen. Zugedeckt noch einmal 30 Minuten gehen lassen.

4. Für die Streusel Mehl, Zucker und Zimt mischen. Fett schmelzen, zum Mehl geben. Mit den Knethaken zu einem krümeligen Teig verarbeiten.

5. Apfelkompott auf dem Hefeteig verteilen. Streusel darüber streuen. Kuchen im vorgeheizten Backofen (E-Herd: 200 °C / Umluft: 175 °C/ Gas: Stufe 3) 40-45 Minuten backen. Abkühlen lassen. Vor dem Servieren mit Puderzucker bestäuben.

Zubereitungszeit ca. 2½ Std.
Pro Stück ca. 350 kcal / 1470 kJ.
E 5 g, F 12 g, KH 54 g

Apfelkuchen mit Marzipanguss

Zutaten für ca. 24 Stücke:

- 2 kg säuerliche Äpfel
- Saft von 1 Zitrone
- 450 g Mehl
- 225 g + 200 g Zucker
- 1 Päckchen Vanillin-Zucker
- 250 g kalte Butter/Margarine
- Fett fürs Blech
- 200 g Marzipan-Rohmasse
- ½ l Milch
- 1 Päckchen Puddingpulver „Vanille" (für ½ l Milch; zum Kochen)
- 5 Eier (Gr. M)
- 1–2 EL Hagelzucker zum Bestreuen

1. Äpfel schälen, vierteln und entkernen. Apfelviertel halbieren und mit Zitronensaft beträufeln.

2. Mehl, 225 g Zucker und Vanillin-Zucker mischen. Fett zugeben und mit den Knethaken des Handrührgerätes zu Streuseln verkneten. Auf ein gefettetes Backblech (ca. 35 x 40 cm) geben und fest andrücken.

3. Marzipan würfeln. 6 EL Milch, und Puddingpulver verrühren. 4 EL Milch und Eier verquirlen. Rest Milch aufkochen. Angerührtes Puddingpulver und 200 g Zucker einrühren, kurz aufkochen. Marzipan darin auflösen und etwas abkühlen lassen. Dann die Eier-Milch einrühren.

4. Äpfel auf dem Teig verteilen und den Marzipan-Guss darüber gießen. Den Kuchen im heißen Backofen (E-Herd: 200 °C / Umluft: 175 °C/ Gas: Stufe 3) ca. 45 Minuten backen. Abkühlen lassen. Dann mit Hagelzucker bestreuen. Dazu schmeckt Schlagsahne.

Zubereitungszeit ca. 1½ Std.
Pro Stück ca. 340 kcal / 1420 kJ.
E 5 g, F 14 g, KH 47 g

Apfel-Kirsch-Schnitten

Zutaten für ca. 24 Stücke:

- 1,5 kg säuerliche Äpfel
- Saft von 2 Zitronen
- 1 Glas (370 ml) Kirschen
- 200 g weiche Butter/Margarine
- 150 g Zucker
- 2 Tropfen Butter-Vanille-Aroma
- 1 Prise Salz
- 5 Eier (Gr. M)
- 375 g Mehl
- 1 Päckchen Backpulver
- 3–5 EL (50 ml) Mineralwasser
- Fett fürs Blech
- 75–100 g Mandelblättchen
- 1–2 EL Puderzucker zum Bestäuben

1. Äpfel waschen, schälen und das Kerngehäuse entfernen. Äpfel in Spalten schneiden und mit Zitronensaft beträufeln. Kirschen auf einem Sieb gut abtropfen lassen.

2. Fett, Zucker, Vanille-Aroma und Salz mit den Schneebesen des Handrührgerätes cremig schlagen. Eier einzeln unterrühren. Mehl und Backpulver mischen, darüber sieben und unterheben. Mineralwasser unterrühren.

3. Teig auf ein gefettetes Backblech (ca. 35 x 40 cm) streichen. Apfelspalten und Kirschen auf dem Teig verteilen. Kuchen im vorgeheizten Backofen (E-Herd: 200 °C / Umluft: 175 °C/ Gas: Stufe 3) 30–40 Minuten backen. Ca. 15 Minuten vor Ende der Backzeit mit Mandeln bestreuen. Den Kuchen auskühlen lassen. Vor dem Servieren mit Puderzucker bestäuben.

Zubereitungszeit ca. 1¼ Std. (ohne Wartezeit). Pro Stück ca. 220 kcal / 920 kJ. E 4 g, F 11 g, KH 25 g

Gedeckter Bratapfel-Kuchen

Zutaten für ca. 24 Stücke:

- **650 g Mehl**
- **200 g + 125 g Zucker**
- **2 Eier (Gr. M) + 1 Eigelb**
- **400 g kalte Butter/Margarine**
- **150 g Rosinen**
- **4 EL Rum**
- **2 kg säuerliche Äpfel**
- **Saft von 1 Zitrone**
- **Fett für die Fettpfanne**
- **1 Päckchen Puddingpulver „Vanille" (für ½ l Milch; zum Kochen)**
- **150 g + 600 g Schlagsahne**
- **1 Päckchen Vanillin-Zucker**

1. Mehl, 200 g Zucker, 2 Eier und kaltes Fett in Flöckchen zu einem glatten Mürbeteig verkneten. Ca. 30 Minuten kühl stellen.

2. Rosinen waschen, trockentupfen und mit Rum mischen. Äpfel schälen, halbieren, entkernen. Zitronensaft darüber träufeln.

3. Hälfte Teig in einer gefetteten Fettpfanne (ca. 32 x 39 cm) ausrollen. Teig am Rand etwas hochdrücken. Äpfel mit Rosinen füllen. Mit der Schnittfläche nach unten dicht an dicht auf den Teig legen.

4. Puddingpulver und 150 g Sahne glatt rühren. 600 g Sahne, Vanillin-Zucker und 125 g Zucker aufkochen. Pudding einrühren und nochmals aufkochen. Auf die Äpfel gießen.

5. Übrigen Teig zum Rechteck (35 x 40 cm) ausrollen. Teig auf die Äpfel legen und Teigränder festdrücken. Den Kuchen im heißen Ofen (E-Herd: 200 °C / Umluft: 175 °C / Gas: Stufe 3) 1–1¼ Stunden backen. Eigelb verquirlen. Kuchen ca. 15 Minuten vor Ende der Backzeit damit bestreichen.

Zubereitungszeit ca. 2½ Std.
Pro Stück ca. 450 kcal / 1890 kJ.
E 4 g, F 25 g, KH 48 g

Ammerländer Apfel-Butterkuchen

Zutaten für ca. 24 Stücke:

- ¼ l + ½ l Milch
- 1 Würfel (42 g) Hefe
- 500 g Mehl
- 100 g + 75 g + 25 g + 50 g Zucker
- 1 Prise Salz
- 2 Päckchen Vanillin-Zucker
- 1 Ei (Gr. M)
- 45 g + 75 g weiche Butter/Margarine
- 1 kg Äpfel
- 200 ml klarer Apfelsaft
- 1 kleine Zimtstange
- Fett für die Fettpfanne
- 1 Päckchen Puddingpulver „Vanille" (für ½ l Milch; zum Kochen)
- 50 g Mandelblättchen

1. ¼ l Milch erwärmen. Hefe darin auflösen. Mehl, 100 g Zucker, Salz, 1 Päckchen Vanillin-Zucker, Ei und 45 g Fett in Flöckchen mischen. Hefe zugießen und alles zu einem Teig verkneten. Zugedeckt an einem warmen Ort ca. 45 Minuten gehen lassen.

2. Äpfel schälen, entkernen und in Stücke schneiden. Äpfel, 1 Päckchen Vanillin-Zucker, 75 g Zucker, Saft und Zimt ca. 12 Minuten dünsten. Zimt entfernen, Kompott auskühlen lassen.

3. Teig durchkneten, halbieren. Eine Hälfte auf einer gefetteten Fettpfanne (ca. 32 x 39 cm) ausrollen. Apfelmasse darauf verteilen. Rest Teig auf wenig Mehl 32 x 39 cm groß ausrollen und auf die Apfelmasse legen. Kuchen ca. 20 Minuten gehen lassen.

4. 4 EL Milch, 25 g Zucker und Puddingpulver glatt rühren. Rest Milch aufkochen. Puddingpulver einrühren und unter Rühren kurz aufkochen. Pudding etwas abkühlen lassen.

5. Oben in den Teig dicht an dicht Mulden drücken. 75 g Fett in Flöckchen und Pudding darin verteilen. Mit 50 g Zucker und Mandeln bestreuen.

6. Kuchen im vorgeheizten Backofen (E-Herd: 200 °C / Umluft: 175 °C/ Gas: Stufe 3) 25–30 Minuten backen. Dazu schmeckt Schlagsahne.

Zubereitungszeit ca. 2½ Std.
Pro Stück ca. 220 kcal / 920 kJ.
E 4 g, F 7 g, KH 34 g

Apfelkuchen

Apfelkuchen mit Makronengitter

Zutaten für ca. 24 Stücke:

- 1,5 kg Äpfel
- Saft von 1 Zitrone
- 350 g weiche Butter/Margarine
- 200 g + 75 g + 75 g Zucker
- 1 Prise Salz
- 1 Päckchen Vanillin-Zucker
- 8 Eier (Gr. M) + 1 Eigelb (Gr. M)
- 500 g Mehl
- 1 Päckchen Backpulver
- 150–170 ml + 3 EL Milch
- 200 g Schmand oder Crème fraîche
- 1 Päckchen Puddingpulver „Vanille“ (für ½ l Milch; zum Kochen)
- 400 g Marzipan-Rohmasse
- 5 EL (50 g) Mandelblättchen
- evtl. Puderzucker zum Bestäuben

1. Äpfel schälen, achteln und entkernen. Mit Zitronensaft beträufeln.

2. Fett, 200 g Zucker, Salz und Vanillin-Zucker cremig rühren. 4 Eier einzeln unterrühren. Mehl und Backpulver mischen und sieben. Im Wechsel mit 150–170 ml Milch unterrühren.

3. Auf eine gefettete Fettpfanne (ca. 32 x 39 cm) streichen, dabei am Rand etwas hochziehen. Äpfel dicht an dicht auf dem Teig verteilen.

4. Schmand, 75 g Zucker, 3 Eier und Puddingpulver verrühren. Eierguss über die Äpfel gießen. Den Apfelkuchen im vorgeheizten Backofen (E-Herd: 175 °C / Umluft: 150 °C/ Gas: Stufe 2) ca. 50 Minuten backen.

5. Marzipan, 75 g Zucker, 1 Ei und 2 EL Milch mit den Schneebesen des Handrührgerätes verrühren. In einen Spritzbeutel mit Sterntülle füllen und gitterartig auf den Kuchen spritzen. Kuchen bei gleicher Temperatur weitere ca. 15 Minuten backen.

6. 1 Eigelb und 1 EL Milch verquirlen. Makronengitter damit bestreichen. Kuchen mit Mandeln bestreuen und bei gleicher Temperatur noch ca. 10 Minuten backen. Auskühlen lassen. Mit Puderzucker bestäuben.

Zubereitungszeit ca. 2 Std. (ohne Wartezeit).
Pro Stück ca. 440 kcal / 1840 kJ.
E 8 g, F 24 g, KH 46 g

Apfel-Mandel-Kuchen

Zutaten für ca. 20 Stücke:

- 200 g + 200 g Mehl
- 1 TL Backpulver
- 100 g + 200 g + 2 EL Zucker
- 1 Prise Salz
- 100 g kalte + 250 g weiche Butter/Margarine
- 3 Eier (Gr. M)
- 1,5 kg säuerliche Äpfel (z. B. Boskop)
- 7 EL Zitronensaft (ca. 1½ Zitronen)
- 1 Päckchen Vanillin-Zucker
- 250 g Schlagsahne
- 7–8 EL (75 g) Mandelblättchen

1. Für den Mürbeteig: 200 g Mehl, Backpulver, 100 g Zucker, Salz, 100 g kaltes Fett in Stückchen und 1 Ei erst mit den Knethaken des Handrührgerätes und dann kurz mit den Händen glatt verkneten. Teig zugedeckt ca. 30 Minuten kalt stellen.

2. Äpfel schälen, achteln und entkernen. Mit 6 EL Zitronensaft beträufeln.

3. Für den Rührteig: 250 g weiches Fett, 200 g Zucker und Vanillin-Zucker cremig rühren. 2 Eier nacheinander unterrühren. 200 g Mehl im Wechsel mit 1 EL Zitronensaft und Sahne portionsweise kurz unterrühren.

4. Mürbeteig auf einer gefetteten Fettpfanne (ca. 32 x 39 cm) dünn ausrollen. Äpfel darauf verteilen und den Rührteig darauf streichen. Mit Mandelblättchen und 2 EL Zucker bestreuen. Kuchen im vorgeheizten Backofen (E-Herd: 175 °C / Umluft: 150 °C/ Gas: Stufe 2) ca. 1 Stunde backen.

Zubereitungszeit ca. 1¾ Std. (ohne Wartezeit).
Pro Stück ca. 380 kcal / 1590 kJ.
E 4 g, F 22 g, KH 39 g

Apfelkuchen

Apfel-Schnitten mit Rum-Rosinen

Zutaten für ca. 30 Stücke:

- 750 g Mehl
- 3 TL Backpulver
- 350 g + 50 g Zucker
- 1 Prise Salz
- 3 Eier (Gr. M)
- 375 g kalte Butter/Margarine
- 150 g Rosinen
- 2 EL Rum
- 150 g Mandelstifte
- 2 kg säuerliche Äpfel
- Schale und Saft ½ Zitrone
- 1 TL Zimt
- 2 EL (20 g) Speisestärke
- 1 Eigelb, 2 EL Sahne
- Sahne und Mandeln zum Verzieren
- Klarsichtfolie

1. Mehl und Backpulver mischen. Mit 350 g Zucker, Salz, Eiern und Fett zu einem glatten Mürbeteig verkneten. Ca. 30 Minuten kühl stellen.

2. Rosinen waschen, trockentupfen und mit Rum beträufeln. Mandeln rösten. Äpfel schälen, entkernen und klein schneiden. Mit ⅛ l Wasser, 50 g Zucker, Zitronenschale, -saft und Zimt aufkochen. 5 Minuten dünsten. Mit angerührter Stärke binden, aufkochen. Mandeln und Rosinen untermischen.

3. 2 Teigplatten in Fettpfannengröße (ca. 32 x 39 cm) zwischen Klarsichtfolie ausrollen. Eine davon auf die Fettpfanne legen. Mehrmals einstechen. Im heißen Backofen (E-Herd: 200 °C / Umluft: 175 °C / Gas: Stufe 3) 10 Minuten backen.

4. Apfelmasse auf den Teig streichen. Zweite Platte darauf legen. Mit einer Gabel wellenförmig einritzen. Eigelb und Sahne verquirlen. Teig damit bestreichen. Bei gleicher Temperatur 30–40 Minuten fertig backen. Vor dem Servieren mit Sahnetupfen und evtl. gerösteten Mandelblättchen verzieren.

Zubereitungszeit ca. 1½ Std.
Pro Stück ca. 330 kcal / 1380 kJ.
E 5 g, F 15 g, KH 42 g

EXTRA-TIPP

Sie müssen nicht extra eine Flasche Rum kaufen. Fertige Rum-Rosinen werden im Alu-Beutel angeboten.

Feiner Apfel-Schmandteig-Kuchen

Zutaten für ca. 25 Stücke:

- 1,5 kg Äpfel
- 5 EL Zitronensaft (von ca. 1 Zitrone)
- 75 g + 150 g + 175 g Zucker
- 300 g + 375 g Mehl
- 2 Päckchen Vanillin-Zucker
- 25 g gemahlene Mandeln
- 375 g weiche Butter/Margarine
- 4 Eier (Gr. M)
- 125 g Schmand oder Crème fraîche
- 1 Päckchen Backpulver
- Fett fürs Blech

1. Äpfel schälen, vierteln und die Kerngehäuse entfernen. Äpfel in Stücke schneiden. Zitronensaft, 5 EL Wasser, 75 g Zucker und Äpfel aufkochen. Bei schwacher Hitze ca. 15 Minuten zugedeckt köcheln lassen. Kompott abkühlen lassen.

2. Für die Streusel 300 g Mehl, 150 g Zucker, 1 Päckchen Vanillin-Zucker, Mandeln und 175 g Fett mit den Knethaken des Handrührgerätes krümelig verkneten.

3. Für den Rührteig 200 g Fett, 175 g Zucker und 1 Päckchen Vanillin-Zucker cremig rühren. Eier nach und nach unterrühren. Schmand zufügen. 375 g Mehl und Backpulver mischen und unter die Eimasse rühren.

4. Backblech fetten. Rührteig darauf geben und glatt streichen. Apfelkompott gleichmäßig auf dem Teig verteilen, mit den Streuseln bestreuen. Im vorgeheizten Backofen (E-Herd: 200 °C / Umluft: 175 °C/ Gas: Stufe 3) ca. 40 Minuten backen. Anschließend gut auskühlen lassen.

Zubereitungszeit ca. 1¾ Std.
Pro Stück ca. 340 kcal / 1420 kJ.
E 5 g, F 15 g, KH 43 g

Apfelkuchen

Apfel-Gitterkuchen mit Mandeln

Zutaten für ca. 20 Stücke:

- 1,25–1,5 kg säuerliche Äpfel
- 2 Päckchen Puddingpulver „Vanille" (zum Kochen; kein gezuckertes Produkt!)
- 750 ml Apfelsaft
- Saft von 1 Zitrone
- 75 g + 100 g Zucker
- evtl. 2–3 EL Apfelschnaps
- 100 g Mandelblättchen
- 500 g Magerquark
- 1 Ei (Gr. M)
- 8 EL + 1 EL Milch
- 8 EL Öl
- 1 Päckchen Vanillin-Zucker
- 500 g Mehl
- 1 Päckchen Backpulver
- Fett fürs Blech
- 1 Eigelb
- 1 EL Puderzucker

1. Äpfel schälen, entkernen und würfeln. Puddingpulver und 100 ml Apfelsaft verrühren. Restlichen Saft, Zitronensaft, 75 g Zucker und Äpfel ca. 5 Minuten dünsten. Evtl. Schnaps zufügen. Kompott mit angerührtem Puddingpulver binden. 50 g Mandeln unterheben. Abkühlen lassen.

2. Quark, Ei, 8 EL Milch, Öl, 100 g Zucker und Vanillin-Zucker verrühren. Mehl und Backpulver mischen, unter die Quarkmasse kneten. Ein Backblech (ca. 35 x 40 cm) fetten, ⅔ Teig darauf ausrollen. Mit Apfelkompott bestreichen.

3. Übrigen Teig zu einem Quadrat (30 x 30 cm) ausrollen und in 3 Streifen schneiden. Jeweils mit dem Gitterschneider darüber rollen, etwas auseinander ziehen und auf das Kompott legen (oder den Teig in schmale Streifen schneiden und als Gitter darüber legen). Eigelb und 1 EL Milch verquirlen, Gitter damit bestreichen. Mit 50 g Mandeln bestreuen. Im heißen Backofen (E-Herd: 175 °C / Umluft: 150 °C / Gas: Stufe 2) ca. 30 Minuten backen. Vor dem Servieren mit Puderzucker bestäuben.

Zubereitungszeit ca. 1½ Std.
Pro Stück ca. 280 kcal / 1170 kJ.
E 8 g, F 8 g, KH 42 g

Apfel-Blätterteig-Tarte

Zutaten für ca. 10 Stücke:

- 1 Packung (300 g) TK-Blätterteig
- ¼ l Milch
- 50 g + 25 g Zucker
- 1 Päckchen Vanillin-Zucker
- 2 EL Mehl
- 2 Eier (Gr. M)
- Mehl für die Arbeitsfläche
- 2 große rote Äpfel
- Saft von ½ Zitrone
- 2–3 EL Apfelgelee oder Aprikosen-Konfitüre
- 1 TL Puderzucker zum Bestäuben

1. Blätterteigplatten auftauen lassen. Milch in einem Topf erwärmen. 50 g Zucker, Vanillin-Zucker und Mehl mischen. 1 Ei trennen. Eigelb und 1 Ei unter das Mehl rühren. Die warme Milch nach und nach darunter rühren.

2. Alles zurück in den Topf geben und unter ständigem Rühren köcheln, bis die Creme dicklich wird. Dann zugedeckt kühl stellen.

3. Teigplatten übereinander legen und auf einer dünn bemehlten Arbeitsfläche 28 x 30 cm groß ausrollen. Von der Längsseite 2 Streifen von 3,5 cm Breite abschneiden. Plattenränder mit Eiweiß bestreichen. Streifen darauf andrücken. Boden mehrmals einstechen. Auf einem kalt abgespülten Backblech im vorgeheizten Backofen (E-Herd: 200 °C / Umluft: 175 °C / Gas: Stufe 3) ca. 20 Minuten backen und auskühlen lassen.

4. Äpfel waschen, entkernen und in dünne Spalten schneiden. In ⅛ l Wasser mit Zitronensaft und 25 g Zucker 1–2 Minuten dünsten und etwas abkühlen lassen.

5. Vanillecreme auf den Blätterteig streichen. Apfelspalten darauf verteilen. Gelee erwärmen und die Äpfel damit bestreichen. Vor dem Servieren mit Puderzucker bestäuben.

Zubereitungszeit ca. 1¼ Std. (ohne Wartezeit).
Pro Stück ca. 200 kcal / 840 kJ
E 4 g, F 10 g, KH 23 g

Für alle, die

Süßes Backwerk mit exotischen Früchten

Mango-Quark-Schnitten

Zutaten für ca. 24 Stücke:

- 750 g Schlagsahne
- 200 g Kokosraspel
- 250 g weiche Butter/Margarine
- 175 g + 100 g Zucker
- 3 Päckchen Vanillin-Zucker
- 1 Prise Salz
- 5 Eier (Gr. M)
- 425 g Mehl
- 1 Päckchen Backpulver
- ⅛ l Milch
- Fett fürs Blech
- 1 Dose (425 ml) Mango oder Aprikosen
- 1 kg Magerquark
- evtl. 5–6 Physalis (Kapstachelbeeren) und Zitronenmelisse

1. Sahne und Kokosraspel erhitzen (nicht kochen!). Vom Herd nehmen und ca. 10 Minuten ziehen lassen. Sahne durch ein feines Sieb gießen, Kokosraspel kräftig ausdrücken, Sahne dabei auffangen. Gesamte Kokos-Sahne ca. 5 Stunden kalt stellen.

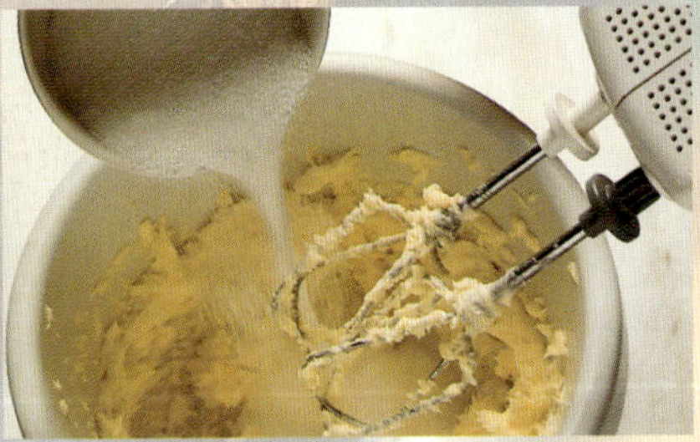

2. Fett, 175 g Zucker, 1 Päckchen Vanillin-Zucker und Salz cremig rühren. Eier einzeln unterrühren. Mehl und Backpulver mischen und abwechselnd mit Milch unterrühren.

3. Teig auf ein gefettetes Backblech (ca. 35 x 40 cm) streichen. Im vorgeheizten Backofen (E-Herd: 175 °C/ Umluft: 150 °C / Gas: Stufe 2) ca. 25–30 Minuten backen. Auskühlen lassen.

4. Früchte abtropfen lassen und in Spalten schneiden. Quark, 100 g Zucker und 2 Päckchen Vanillin-Zucker verrühren. Kokos-Sahne mit dem Handrührgerät aufschlagen und unter den Quark ziehen. Quark-Sahne auf den Kuchen streichen. Mit Früchten belegen. Evtl. mit Physalis und Melisse verzieren.

Zubereitungszeit ca. 1¼ Std.
Wartezeit ca. 5 Std.
Pro Stück ca. 410 kcal / 1720 kJ.
E 10 g, F 26 g, KH 31 g

Fernweh haben

Vor allem, wenn das Angebot an heimischen Früchten nicht so üppig ist, bringen Mango, Kiwi, Ananas & Co. erfrischende Abwechslung auf den Sonntagskuchen. Und lassen Sie von tropischen Ländern träumen

Exotische Früchtekuchen

Ananas-Marmorkuchen

Zutaten für ca. 16 Stücke:

- 3 Dosen (à 420 ml) Ananasscheiben
- 200 g + 25 g Zucker
- 1 Päckchen Vanillin-Zucker
- 250 g weiche Butter/Margarine
- 4 Eier (Gr. M)
- 400 g Mehl
- 1 Prise Salz
- ½ Päckchen Backpulver
- ca. 75 ml + 2–3 EL Milch
- Fett fürs Blech
- 30 g Kakao
- evtl. Minze zum Verzieren

1. Ananas auf einem Sieb abtropfen lassen. 200 g Zucker, Vanillin-Zucker und Fett cremig rühren. Eier nach und nach unterrühren. Dann Mehl, Salz und Backpulver mischen und portionsweise kurz unterrühren. Ca. 75 ml Milch nach und nach unterrühren, bis der Teig schwer reißend vom Löffel fällt.

2. Ein Backblech (ca. 35 x 40 cm) gut fetten. Hälfte des Teiges darauf glatt streichen. Kakaopulver, 25 g Zucker und 2–3 EL Milch glatt rühren und unter den restlichen Teig rühren. Auf die helle Teigschicht streichen. Mit einer Gabel spiralförmig durchziehen und dann wieder glatt streichen. Ananasringe gleichmäßig auf dem Teig verteilen.

3. Kuchen im vorgeheizten Backofen (E-Herd: 175 °C / Umluft: 150 °C/ Gas: Stufe 2) ca. 30 Minuten backen. Auskühlen lassen und evtl. mit Minzeblättchen verzieren.

Zubereitungszeit ca. 1 Std.
Pro Stück ca. 320 kcal / 1340 kJ.
E 6 g, F 15 g, KH 39 g

Hefe-Frischkäse-Teilchen mit Kiwi

Zutaten für 6–7 Stück:

- 1 Packung (450 g) tiefgefrorener Hefeteig
- ½ Vanilleschote
- 150 g Doppelrahm-Frischkäse
- 1 Ei (Gr. M)
- ½ TL Speisestärke
- Mehl für die Arbeitsfläche
- 1 Eigelb
- 1 TL Schlagsahne
- 2–3 EL Hagelzucker
- 2 Kiwis
- Backpapier

1. Tiefgefrorene Teigscheiben nebeneinander legen und auftauen lassen. Teig gut durchkneten und zugedeckt bei Zimmertemperatur ca. 15 Minuten gehen lassen.

2. Vanilleschote längs aufschneiden und das Mark herauskratzen. Vanillemark, Frischkäse, Ei und Speisestärke verrühren.

3. Hefeteig auf wenig Mehl zu einem Rechteck (ca.20 x 30 cm) ausrollen und mit einem Teigrädchen in 6 Quadrate (ca. 10 x 10 cm) schneiden. Eventuelle Teigreste zusammenkneten und ein siebtes Quadrat ausrollen.

4. Auf 3–4 der Quadrate jeweils 1 Esslöffel Frischkäsecreme in die Mitte geben und 2 gegenüberliegende Teigecken darüber schlagen. Bei den restlichen Quadraten alle Teigecken zur Mitte einschlagen und die Creme jeweils als Klecks darauf setzen. Teilchen auf ein mit Backpapier ausgelegtes Backblech legen. Nochmals ca. 15 Minuten gehen lassen.

5. Eigelb und Sahne verquirlen, Teig damit bestreichen und mit Hagelzucker bestreuen. Im vorgeheizten Backofen (E-Herd: 200°C / Umluft: 175 °C / Gas: Stufe 3) ca. 15 Minuten backen. Auskühlen lassen. Die Kiwis schälen, längs halbieren und in Scheiben schneiden. Kurz vorm Servieren auf dem Hefegebäck verteilen.

Zubereitungszeit ca. 1½ Std.
Pro Stück ca. 110 kcal / 460 kJ.
E 3 g, F 8 g, KH 5 g

Exotische Früchtekuchen

Mandarinen-Kokosnuss-Kuchen

Zutaten für ca. 20 Stücke:

- 4 Dosen (à 314 ml) Mandarin-Orangen
- 225 g + 50 g weiche Butter/Margarine
- 125 g + 75 g + 100 g Zucker
- 1 Päckchen Vanillin-Zucker
- 7 Eier (Gr. M)
- 375 g Mehl
- 1 Päckchen Backpulver
- 20 g Kakao
- ca. 100 ml Milch
- Fett fürs Blech
- 200 g Schmand oder Crème fraîche
- 125 g Kokosraspel

1. Mandarinen gut abtropfen lassen. 225 g Fett, 125 g Zucker und Vanillin-Zucker cremig rühren. 4 Eier nach und nach zufügen und unterrühren. Mehl, Backpulver und Kakao mischen, dann abwechselnd mit der Milch unterrühren.

2. Teig auf ein gefettetes Backblech (ca. 35 x 40 cm) streichen. Die Mandarinen gleichmäßig darauf verteilen. Im vorgeheizten Backofen (E-Herd: 200 °C / Umluft: 175 °C / Gas: Stufe 3) 20–25 Minuten vorbacken.

3. 3 Eier, 75 g Zucker und Schmand glatt verrühren. In einer Schüssel 100 g Zucker und die Kokosraspel gut mischen. Dann 50 g Fett in Flöckchen schneiden.

4. Erst den Schmandguss auf den Kuchen gießen und glatt verstreichen. Dann die Kokos-Zucker-Mischung darüber streuen. Die Fettflöckchen auf dem Kuchen verteilen. Den Kuchen weitere ca. 20 Minuten fertig backen. Evtl. mit Schlagsahne servieren.

Zubereitungszeit ca. 1¼ Std.
Pro Stück ca. 360 kcal / 1510 kJ.
E 6 g, F 20 g, KH 36 g

EXTRA-TIPP

Backpulver immer separat und trocken aufbewahren. Ist es rosa verfärbt, hat es vermutlich in der Nähe von Gewürzen gelegen. Seine Triebkraft wird aber von der Verfärbung nicht beeinträchtigt.

Exotische Früchtekuchen

Butterkuchen mit Ananaskruste

Zutaten für ca. 24 Stücke:

- 500 g Mehl
- ⅛ l + ⅛ l + 4 EL Milch
- 1 Würfel (42 g) frische Hefe
- 1 EL + 75 g + 200 g Zucker
- 75 g + 200 g weiche Butter
- 1 Ei (Gr. M)
- 1 Prise Salz
- 1 Dose (425 ml) Pfirsiche
- 1 Dose (446 ml) Ananasraspel oder -stücke
- 200 g Mandelstifte
- Fett fürs Blech
- 4 EL Preiselbeeren (aus dem Glas)

1. Mehl in eine Rührschüssel sieben, in die Mitte eine Mulde drücken. ⅛ l Milch leicht erwärmen. Hefe hineinbröckeln und mit 1 EL Zucker glatt verrühren. In die Mulde geben und mit etwas Mehl zum Vorteig verrühren. Zugedeckt an einem warmen Ort ca. 15 Minuten gehen lassen. 75 g Zucker, ⅛ l Milch, 75 g Butter, Ei und Salz zugeben und glatt verkneten. Zugedeckt weitere 20–30 Minuten gehen lassen.

2. Pfirsiche abtropfen lassen und vierteln. Ananas ebenfalls abtropfen lassen. Ananasstücke noch etwas kleiner schneiden.

3. 200 g Butter in einem Topf schmelzen. 200 g Zucker, Mandelstifte und 4 EL Milch zufügen. Bei schwacher Hitze ca. 3 Minuten köcheln lassen. Anschließend die Masse etwas abkühlen lassen. Dann die Ananasraspel unterrühren.

4. Hefeteig mit den Händen nochmals gründlich durchkneten und auf einem gefetteten Backblech (ca. 35 x 40 cm) ausrollen. Mit Pfirsichen belegen. Danach nochmals ca. 20 Minuten gehen lassen. Den Ananasbelag darauf verstreichen. Die Preiselbeeren als Kleckse darauf verteilen. Im heißen Backofen (E-Herd: 200 °C / Umluft: 175 °C / Gas: Stufe 3) 20–30 Minuten backen. Auskühlen lassen und in ca. 24 Stücke schneiden.

Zubereitungszeit ca. 2¼ Std.
Pro Stück ca. 330 kcal / 1380 kJ.
E 7 g, F 15 g, KH 40 g

Originelle Kuche

Lass' Kuchen sprechen, als Glückwunsch zum Geburtstag, zum Führerschein oder ganz einfach, um zu sagen: „Ich hab' dich gern!"

n

... für Geburtstagsfeiern und fröhliche Partys

Überraschungs-Buch

Zutaten für ca. 24 Stücke:

- 1 P. Puddingpulver „Vanille" (für ½ l Milch; zum Kochen)
- ½ l Milch, 50 g + 200 g + 1 EL Zucker
- 6 Eier (Gr. M), 1 Prise Salz
- 100 g Mehl, 80 g + 60 g Speisestärke
- 1 TL Backpulver
- 2 Gläser (à 720 ml) Kirschen
- evtl. 8 EL Weißwein
- 250 g weiche Butter
- 50 g Marzipanrohmasse
- 1 EL Puderzucker, 500 g Schlagsahne
- ½ TL Kakao, evtl. Schoko-Buchstaben, Marzipan-Rosen (gibt's zu kaufen), Kuvertüre, Borkenschokolade, Silberzuckerperlen z. Verzieren
- Klarsichtfolie, Backpapier

1. Puddingpulver, 6 EL Milch und 50 g Zucker verrühren. Rest Milch aufkochen. Puddingpulver einrühren, aufkochen. Mit Folie abdecken, auskühlen.

2. Eier trennen. Eiweiß, 4 EL kaltes Wasser und Salz sehr steif schlagen. Dabei 200 g Zucker einrieseln lassen. Eigelb einzeln unterschlagen. Mehl, 80 g Stärke und Backpulver mischen, darauf sieben und unterheben.

3. Fettpfanne (ca. 32 x 39 cm) mit Backpapier auslegen. Biskuit darauf streichen. Im heißen Ofen (E-Herd: 200 °C / Umluft: 175 °C /Gas: Stufe 3) ca. 15 Min. backen. Auf ein feuchtes Geschirrtuch stürzen, Papier abziehen. Biskuit auskühlen lassen.

4. Kirschen abtropfen lassen, Saft auffangen. 60 g Stärke und 6 EL Saft glatt rühren. Rest Saft und 1 EL Zucker aufkochen. Stärke einrühren, aufkochen. Kirschen zufügen. Abkühlen lassen.

5. Biskuit halbieren und waagerecht durchschneiden. Untere Böden aneinander auf eine Platte setzen. Evtl. mit Wein beträufeln. Kirschkompott darauf verteilen, ca. 1 Stunde kühl stellen.

6. Butter cremig schlagen. Pudding löffelweise unterrühren. Auf die Kirschen streichen. Rest Böden auflegen.

7. Marzipan und Puderzucker verkneten. Zwischen Folie ausrollen, ein Sektglas ausschneiden. Sahne steif schlagen. Torte einstreichen. Rundum mit einem Tortenkamm Rillen ziehen. Mit Kakao bestäuben. Torte verzieren.

Zubereitungszeit ca. 1¾ Std.
Wartezeit 2–3 Std.
Pro Stück ca. 290 kcal / 1210 kJ.
E 4 g, F 18 g, KH 27 g

„Führerschein"-Kuchen

Zutaten für 16–20 Stücke:

- 1 unbehandelte Orange
- 300 g weiche Butter/Margarine
- 250 g Zucker
- 6 Eier (Gr. M)
- 500 g Mehl
- 1 Päckchen Backpulver
- 250 g Schmand oder stichfeste saure Sahne
- Fett fürs Blech
- 100 g Puderzucker
- 200 g Schlagsahne
- 1 Päckchen Vanillin-Zucker
- Süßigkeiten zum Verzieren, z. B. Schoko-Autos, bunte Schoko-Linsen und Lakritz-Stäbchen
- 1 kleiner Gefrierbeutel

1. Orange waschen und trockentupfen. Die Schale abreiben und den Saft auspressen. Fett, Zucker und Orangenschale cremig rühren. Eier nacheinander unterrühren. Mehl und Backpulver mischen, dann im Wechsel mit dem Schmand unterrühren.

2. Ein Backblech (ca. 35 x 40 cm) fetten. Teig darauf glatt verstreichen. Im vorgeheizten Backofen (E-Herd: 175 °C / Umluft: 150 °C / Gas: Stufe 2) ca. 25 Minuten backen. Noch warm mit Orangensaft beträufeln, dann auskühlen lassen.

3. Puderzucker und ca. 1 EL Wasser glatt verrühren. In einen Gefrierbeutel füllen und eine kleine Ecke abschneiden. Sahne und Vanillin-Zucker steif schlagen. In einen Spritzbeutel mit kleiner Lochtülle füllen.

4. Mit dem Zuckerguss 16–20 Stücke auf den Kuchen „zeichnen". Mit restlichem Guss, Sahne und Süßigkeiten (z. B. mit Verkehrszeichen, Ampeln etc.) verzieren. Guss trocknen lassen.

Zubereitungszeit ca. 1¼ Std. (ohne Wartezeit). Pro Stück ca. 340 kcal / 1420 kJ. E 5 g, F 20 g, KH 32 g

Papageien-Kuchen

Zutaten für ca. 20 Stücke:

- 250 g weiche Butter/Margarine
- 300 g Zucker
- 1 Prise Salz
- 4 Eier (Gr. M)
- 300 g Mehl
- 1 Päckchen Backpulver
- 250 g saure Sahne
- je 1 Päckchen Puddingpulver „Vanille" und „Schokolade" (für je ½ l Milch; zum Kochen)
- 1 Päckchen Rote-Grütze-Pulver (für ½ l Flüssigkeit; zum Kochen)
- Fett fürs Blech
- 200 g Puderzucker
- 4 EL Kakao
- 70 g weißes Plattenfett (z. B. Palmin)
- evtl. Kokosraspel zum Verzieren

1. Fett, Zucker und Salz cremig rühren. Eier nacheinander unterrühren. Mehl und Backpulver mischen und abwechselnd mit der Sahne unterrühren. Teig in drei Teile teilen. Den ersten Teil mit Vanille-Puddingpulver, den zweiten mit Schokoladen-Puddingpulver und den dritten mit Rote-Grütze-Pulver mischen.

2. Vanille-, Schokoladen- und Rote-Grütze-Teig mit einem Esslöffel abwechselnd auf ein gefettetes Backblech (ca. 35 x 40 cm) „klecksen". Den Teig im vorgeheizten Backofen (E-Herd: 175 °C / Umluft: 150 °C/ Gas: Stufe 2) ca. 20 Minuten backen. Kuchen völlig auskühlen lassen.

3. Für den Schokoguss Puderzucker, Kakao und 2–3 EL warmes Wasser verrühren. Plattenfett schmelzen und unterrühren. Papageienkuchen in Stücke schneiden und nach Belieben mit Schokoguss und Kokosraspeln verzieren. Guss trocknen lassen.

Zubereitungszeit ca. 1½ Std.
Wartezeit ca. 2 Std.
Pro Stück ca. 350 kcal / 1470 kJ.
E 4 g, F 18 g, KH 41 g

Süße Frühlingswiese

Zutaten für ca. 20 Stücke:

- 125 g + 4 gestr. EL Zucker
- 250 g kalte Butter/Margarine
- 350 g Mehl, 1 Ei (Gr. M)
- Fett für die Fettpfanne
- Mehl zum Ausrollen
- 500 g Schlagsahne
- 1 Packung „Käse-Sahne-Tortencreme“ (für 700 ml Flüssigkeit)
- 500 g Magerquark, ca. 8 Kiwis
- 2 Päckchen klarer Tortenguss (für je ¼ l Flüssigkeit)
- evtl. ca. 100 g Puderzucker, Speisefarbe, Sahnetuffs und Pistazien
- Backpapier

1. 125 g Zucker, Fett, Mehl und Ei verkneten. Teig ca. 30 Minuten kalt stellen.

2. Ca. ¼ Teig für Plätzchen abnehmen. Rest in einer gefetteten Fettpfanne (ca. 32 x 39 cm) ausrollen. Mehrmals einstechen. Im vorgeheizten Backofen (E-Herd: 200 °C / Umluft: 175 °C/ Gas: Stufe 3) ca. 20 Minuten backen. Herausnehmen und auskühlen lassen.

3. Rest Teig auf wenig Mehl ausrollen, z. B. Blüten ausstechen. Auf ein mit Backpapier belegtes Blech legen. Im heißen Ofen bei gleicher Temperatur ca. 10 Minuten backen.

4. Sahne steif schlagen. Cremepulver und 200 ml Wasser mit dem Schneebesen ca. ½ Minute verrühren. Erst portionsweise Quark, dann Sahne unterheben. Auf den Kuchen streichen.

5. Kiwis schälen, in dünne Scheiben schneiden. 1 Päckchen Tortenguss und 2 gestr. EL Zucker mischen. Mit ¼ l Wasser glatt rühren. Unter Rühren aufkochen und auf der Cremeschicht verteilen. Fest werden lassen. Mit Kiwischeiben belegen. Übrigen Tortenguss ebenso zubereiten und auf die Kiwis streichen. Fest werden lassen.

6. Puderzucker, ca. 2 TL Wasser und Speisefarbe verrühren. Kalte Plätzchen mit Guss bestreichen, trocknen lassen. Torte nach Belieben verzieren.

Zubereitungszeit ca. 1¾ Std.
Wartezeit ca. 2 Std.
Pro Stück ca. 340 kcal / 1420 kJ.
E 7 g, F 19 g, KH 34 g

Fanta-Kuchen mit Pfirsich-Creme

Zutaten für ca. 24 Stücke:

- 5 Eier (Gr. M)
- 300 g Zucker
- 6 Päckchen Vanillin-Zucker
- 350 g Mehl
- 1 Päckchen Backpulver
- 125 ml Öl
- 175 ml Orangenlimonade
- Fett fürs Blech
- 3 Dosen (à 850 ml) Pfirsiche
- 600 g Schlagsahne
- 3 Päckchen Sahnefestiger
- 500 g Schmand oder Crème fraîche
- evtl. Zimt und Zucker

1. Eier mit Zucker und 1 Päckchen Vanillin-Zucker schaumig schlagen. Mehl und Backpulver mischen und unterrühren. Öl und Limonade zufügen und ebenfalls unterrühren.

2. Ein Backblech (ca. 35 x 40 cm) fetten. Teig darauf glatt verstreichen. Im vorgeheizten Backofen (E-Herd: 175 °C / Umluft: 150 °C / Gas: Stufe 2) ca. 25 Minuten backen. Kuchen auskühlen lassen.

3. Pfirsiche in einem Sieb gründlich abtropfen lassen und dann in kleine Stücke schneiden. Sahne steif schlagen, dabei nach und nach 3 Päckchen Vanillin-Zucker und den Sahnefestiger einrieseln lassen.

4. Schmand und 2 Päckchen Vanillin-Zucker verrühren. Die Pfirsiche unter den Schmand rühren und die Sahne locker unterheben. Pfirsich-Schmand gleichmäßig auf dem Kuchen verstreichen. Nach Belieben mit Zimt und Zucker bestreuen. In ca. 24 Stücke schneiden und bis zum Verzehr kühl stellen.

Zubereitungszeit ca. 1 Std. (ohne Wartezeit). Pro Stück ca. 350 kcal / 1470 kJ. E 4 g, F 19 g, KH 39 g

Tigerenten-Kuchen

Zutaten für ca. 20 Stücke:

- 1 unbehandelte Zitrone
- 300 g weiche Butter/Margarine
- 250 g Zucker
- 1 Prise Salz
- 6 Eier (Gr. M)
- 500 g Mehl
- 1 Päckchen Backpulver
- 250 g Schmand oder Crème fraîche
- Fett fürs Blech
- 150 g Vollmilch-Kuvertüre
- 200 g + 1–2 TL Puderzucker
- etwas gelbe Speisefarbe
- 6 bunte Schokolinsen
- 4 Lakritzschnecken
- Pappe, 2 Gefrierbeutel

1. Zitrone waschen, abtrocknen. Schale abreiben und Saft auspressen. Fett, Zucker, Salz und Zitronenschale cremig rühren. Eier einzeln unterrühren. Mehl und Backpulver mischen. Im Wechsel mit Schmand und Zitronensaft unterrühren.

2. Teig auf ein gefettetes Backblech (ca. 35 x 40 cm) streichen. Im heißen Ofen (E-Herd: 175 °C / Umluft: 150 °C/ Gas: Stufe 2) ca. 25 Minuten backen. Auskühlen lassen.

3. Aus Pappe eine große und eine kleine Tigerente ausschneiden. Auf den Kuchen legen und die Konturen mit einem Messer nachritzen.

4. Kuvertüre hacken und im heißen Wasserbad schmelzen. 200 g Puderzucker, Speisefarbe und 2–3 EL Wasser glatt rühren. Kuvertüre und Zuckerguss getrennt in Gefrierbeutel füllen. Jeweils eine Ecke abschneiden und abwechselnd als Streifen in die vorgezeichneten Enten spritzen. Mit Schokolinsen und Lakritzschnecken verzieren. Guss und Kuvertüre trocknen lassen. Kuchen mit 1–2 TL Puderzucker bestäuben.

Zubereitungszeit ca. 1 Std.
Wartezeit ca. 2 Std.
Pro Stück ca. 400 kcal / 1680 kJ.
E 6 g, F 20 g, KH 46 g

Die Schnel

Mandelkuchen „Tutti frutti“

Zutaten für ca. 20 Stücke:

- 1 große (850 ml) und 1 kleine Dose (425 ml) Frucht-Cocktail
- 1 Glas (720 ml) Süßkirschen ohne Stein (ersatzw. Sauerkirschen)
- Fett fürs Blech
- 200 g Magerquark
- 8 EL Milch
- 8 EL Öl
- 100 g + 2 EL Zucker
- 2 Päckchen Vanillin-Zucker
- 1 Prise Salz
- 400 g Mehl
- 2 Päckchen Backpulver
- 4 EL (40 g) Mandelblättchen
- 50 g Butter/Margarine

1. Frucht-Cocktail und Kirschen gut abtropfen lassen. Ein Backblech (ca. 35 x 40 cm) fetten.

2. Quark, Milch, Öl, 100 g Zucker, Vanillin-Zucker und Salz verrühren. Mehl und Backpulver mischen. Die Hälfte unter die Quarkmasse rühren, den Rest darunter kneten.

3. Teig auf dem Backblech ausrollen. Früchte mischen und gleichmäßig auf dem Teig verteilen. Mit 2 EL Zucker und Mandelblättchen bestreuen. Fett in Flöckchen auf dem Kuchen verteilen.

4. Den Kuchen im vorgeheizten Backofen (E-Herd: 200 °C / Umluft: 175 °C/ Gas: Stufe 3) ca. 50 Minuten backen (evtl. nach ca. 20 Minuten mit Pergamentpapier abdecken). Den Kuchen auskühlen lassen. Dazu schmeckt Schlagsahne mit Vanille.

**Zubereitungszeit ca. 1¼ Std.
Pro Stück ca. 210 kcal / 880 kJ.
E 4 g, F 6 g, KH 34 g**

…en mit Pfiff

Kuchen, die nicht viel Arbeit machen

Nur wenig Zeit zum Backen? Hier gibt's Gebäck, das mit wenigen Handgriffen zubereitet ist. So können Sie Gäste und Familie ohne Stress verwöhnen

Aprikosen-Marzipan-Streifen

Zutaten für ca. 8 Stücke:

- 1 Packung (300 g) TK-Blätterteig
- 1 Dose (425 ml) Aprikosen
- Mehl für die Arbeitsfläche
- 150 g Marzipan-Rohmasse
- 1 Eiweiß (Gr. M)
- 100 g + 2 gehäufte EL (25 g) Puderzucker
- 50 g Mandelkerne mit Haut
- Backpapier

1. Blätterteigplatten nebeneinander auftauen lassen.

2. Inzwischen Aprikosen in einem Sieb gut abtropfen lassen und den Saft dabei auffangen. 3/4 der Früchte in Würfelchen schneiden. Restliche Aprikosen in Spalten schneiden.

3. Teigscheiben aufeinander legen und auf leicht bemehlter Arbeitsfläche zum Rechteck (ca. 30 x 37 cm) ausrollen. Auf ein mit Backpapier ausgelegtes Backblech legen. Marzipan würfeln, mit Eiweiß und 100 g Puderzucker verrühren. Aprikosenwürfel unterheben. Marzipanmasse auf den Blätterteigstreifen streichen. An beiden Längsseiten jeweils ca. 2,5 cm frei lassen. Alle Seiten ca. 2 cm nach oben umklappen.

4. Mandeln grob hacken. Mit den Aprikosenspalten auf der Füllung verteilen. Im vorgeheizten Backofen (E-Herd: 175 °C / Umluft: 150 °C / Gas: Stufe 2) 30–35 Minuten backen. 2 geh. EL Puderzucker und ca. 1 EL Wasser oder Aprikosensaft glatt rühren. Kuchen aus dem Ofen nehmen, Ränder mit Zuckerguss bestreichen und auskühlen lassen.

Zubereitungszeit ca. 50 Min.
Pro Stück ca. 370 kcal / 1550 kJ.
E 5 g, F 18 g, KH 44 g

Zitronen-Schoko-Kuchen

Zutaten für ca. 30 Stücke:

- 250 g weiche Butter/Margarine
- 200 g + 75 g Zucker
- 1 Päckchen Vanillin-Zucker
- 1 Prise Salz
- abgeriebene Schale und Saft von 2 unbehandelten Zitronen
- 4 Eier (Gr. M)
- 325 g Mehl
- ½ Päckchen Backpulver
- 6 EL Milch
- Fett fürs Blech
- 375 g Halbbitter-Kuvertüre
- 2–3 EL (25 g) Mandelblättchen
- 30 g Hagelzucker

1. Fett, 200 g Zucker, Vanillin-Zucker, Salz und Zitronenschale cremig rühren. Eier nacheinander unterrühren. Mehl und Backpulver mischen und im Wechsel mit der Milch nach und nach unterrühren.

2. Teig auf ein gefettetes Backblech (ca. 35 x 40 cm) geben und glatt streichen. Im vorgeheizten Backofen (E-Herd: 200 °C / Umluft: 175 °C/ Gas: Stufe 3) 15–20 Minuten backen. Kuvertüre hacken, im heißen Wasserbad schmelzen. Auskühlen lassen.

3. 75 g Zucker unter Rühren im Zitronensaft auflösen. Kuchen kurz abkühlen lassen. Mehrmals einstechen und gleichmäßig mit der Saftmischung beträufeln. Mandelblättchen in einer trockenen Pfanne goldbraun rösten und abkühlen lassen.

4. Kuvertüre wieder erwärmen. Auf den Kuchen gießen und gleichmäßig verstreichen. Evtl. mit einem Tortenkamm ein wellenförmiges Muster ziehen. Kuchen mit Mandelblättchen und Hagelzucker bestreuen. Kuvertüre vor dem Anschneiden trocknen lassen.

Zubereitungszeit ca. 1 Std.
Pro Stück ca. 240 kcal / 1000 kJ.
E 3 g, F 13 g, KH 25 g

Pflaumenmus-Quark-Schnitten

Zutaten für 5 Stück:

- 1 Packung (300 g) TK-Blätterteig
- Mehl für die Arbeitsfläche
- 1 Eigelb (Gr. M)
- 100 g Schlagsahne
- 500 g Magerquark
- 2 EL Zucker
- 2 Päckchen Vanillin-Zucker
- 150 g Pflaumenmus
- 5 EL Eierlikör
- Backpapier

1. Die Blätterteigplatten nebeneinander legen und auftauen lassen. Jede Teigplatte auf wenig Mehl zu einem Rechteck von ca. 11 x 22 cm ausrollen.

2. Eigelb und 1 TL Sahne verquirlen. 3 Teigplatten quer halbieren. 5 der Hälften mit etwas verquirltem Eigelb bestreichen. Auf ein mit Backpapier ausgelegtes Backblech legen und im vorgeheizten Backofen (E-Herd: 200 °C / Umluft 175 °C / Gas: Stufe 3) 8–10 Minuten backen.

3. Inzwischen in die restlichen beiden großen Teigplatten und die übrige Hälfte ein Rautenmuster schneiden. Die großen Platten ebenfalls halbieren. Alle auf ein mit Backpapier ausgelegtes Backblech legen. Mit verquirltem Eigelb bestreichen und 8–10 Minuten bei gleicher Temperatur backen. Auskühlen lassen.

4. Quark, Zucker und Vanillin-Zucker verrühren. Restliche Sahne steif schlagen und unterheben. Masse in einen Spritzbeutel mit Sterntülle füllen. Quadrate ohne Rautenmuster mit Pflaumenmus bestreichen. Quark-Sahne darauf spritzen und mit Eierlikör beträufeln. Gemusterte Deckel darauf legen.

Zubereitungszeit ca. 50 Min.
Pro Stück ca. 520 kcal / 2180 kJ.
E 17 g, F 25 g, KH 49 g

Zitronen-Kuchen mit roter Grütze

Zutaten für ca. 16 Stücke:

- 250 g weiche Butter/Margarine
- 175 g Zucker
- 4 Eier (Gr. M), 250 g Mehl
- 2 gehäufte TL Backpulver
- 1 Päckchen unbehandelte Zitronenschale (gibt's gerieben zu kaufen)
- 100 ml Milch
- Fett und Paniermehl fürs Blech
- 250–300 g frische Beeren (z. B. rote Johannisbeeren, Heidelbeeren) oder gemischte TK-Beeren
- 1 Glas (720 ml) Kirschen
- 3 geh. EL (45 g) Speisestärke
- 1–2 EL Zucker
- 1 Päckchen Vanillin-Zucker

1. Für den Teig Fett und Zucker cremig rühren. Eier einzeln unterrühren. Mehl, Backpulver und Zitronenschale mischen, kurz unterrühren und dabei Milch zufügen. Teig auf einer gefetteten, mit Paniermehl ausgestreuten Fettpfanne (ca. 27 x 33 cm; z. B. aus Glas) verstreichen (eine normal große Fettpfanne nur zu ¾ füllen).

2. Rührteig im vorgeheizten Backofen (E-Herd: 200 °C / Umluft: 175 °C/ Gas: Stufe 3) 15–20 Minuten backen. Auskühlen lassen.

3. Inzwischen frische Beeren putzen und waschen (tiefgefrorene auftauen lassen). Johannisbeeren mit einer Gabel von den Stielen streifen. Kirschen abtropfen lassen und den Saft dabei auffangen. 6 EL Kirschsaft und Stärke glatt rühren. Rest Kirschsaft, Zucker und Vanillin-Zucker aufkochen. Stärke einrühren und nochmals aufkochen. Früchte unterheben und auf dem Zitronenboden verteilen. Erkalten lassen. Dazu schmeckt Sahne.

**Zubereitungszeit ca. 50 Min. (ohne Wartezeit).
Pro Stück ca. 310 kcal / 1300 kJ.
E 4 g, F 15 g, KH 38 g**

EXTRA-TIPP

Der Kuchen ist noch schneller fertig, wenn Sie rote Grütze aus dem Glas verwenden. Ist sie zu weich, mit „Gustin Fix Speisebinder ohne Kochen" andicken.

Mandarinen-Sahne-Schnitten

Zutaten für ca. 24 Stücke:

- 4 Eier (Gr. M)
- 250 g Zucker
- 3 Päckchen Vanillin-Zucker
- 80 ml Öl
- 130–150 ml Mineralwasser
- 300 g Mehl
- 3 TL Backpulver
- Fett fürs Blech
- 4 Dosen (à 314 ml) Mandarin-Orangen
- 3–4 EL (40 g) Mandelstifte
- 400 g Schlagsahne
- 500 g Schmand oder Crème fraîche
- evtl. 2–3 EL Zimt-Zucker

1. Eier, Zucker und 1 Päckchen Vanillin-Zucker mit den Schneebesen des Handrührgerätes schaumig schlagen. Öl und Wasser darunter schlagen. Mehl und Backpulver mischen, sieben und unterrühren.

2. Ein Backblech (ca. 35 x 40 cm) fetten. Teig mit einem Teigschaber darauf gleichmäßig verstreichen. Im heißen Backofen (E-Herd: 175 °C/ Umluft: 150 °C / Gas: Stufe 2) ca. 20 Minuten backen. Auskühlen lassen.

3. Mandarinen in einem Sieb gut abtropfen lassen. Mandelstifte in einer Pfanne ohne Fett goldbraun rösten und auskühlen lassen.

4. Sahne steif schlagen, dabei nach und nach die restlichen 2 Päckchen Vanillin-Zucker einrieseln lassen. Die geschlagene Sahne gleichmäßig unter den Schmand heben.

5. Abgetropfte Mandarinen, bis auf einige zum Verzieren, auf dem Boden verteilen. Die Sahne-Schmand-Masse mit Palette oder Messer darauf verstreichen, dabei die Oberfläche nicht zu glatt streichen. Mit den übrigen Mandarinen belegen und mit Mandelstiften bestreuen. Nach Belieben mit Zimt-Zucker bestreuen.

Zubereitungszeit ca. 40 Min. (ohne Wartezeit). Pro Stück ca. 300 kcal / 1260 kJ. E 5 g, F 15 g, KH 34 g

Biskuit in Best

Ein Luftikus, der sich wie kein anderer in Form bringen lässt. Ob geschichtet, gerollt oder geklappt, mit feiner Creme oder Sahne gefüllt, Biskuit ist der Star auf jeder Kaffeetafel

form

... als Boden, als Rolle oder Omelett

Quark-Pflaumen-Schnitten

Zutaten für ca. 15 Stücke:

- 4 Eier (Gr. M), 250 g Zucker
- 1 Päckchen Vanillin-Zucker
- 60 g Mehl, 60 g Speisestärke
- 1 TL Backpulver
- 500 g rote Sommerpflaumen
- evtl. 1–2 EL Slibowitz (Zwetschgen-Branntwein)
- 6 Blatt weiße Gelatine
- 1 unbehandelte Zitrone
- 500 g Magerquark
- 250 g Schlagsahne
- je ca. 1 EL Puderzucker und Zimt
- Zitronenmelisse zum Verzieren
- Backpapier

1. Eier trennen. Eiweiß und 2 EL Wasser steif schlagen, 125 g Zucker und Vanillin-Zucker zum Schluss einrieseln lassen. Eigelb einzeln darunter schlagen. Mehl, Speisestärke und Backpulver mischen, darüber sieben, mit dem Schneebesen unterheben.

2. Biskuit auf ein mit Backpapier ausgelegtes Backblech (ca. 35 x 40 cm) streichen. Im vorgeheizten Backofen (E-Herd: 200 °C / Umluft: 175 °C/ Gas: Stufe 3) 10–12 Minuten backen. Auf ein feuchtes Geschirrtuch stürzen, Papier sofort abziehen. Auskühlen.

3. Pflaumen waschen, trockentupfen, halbieren und entsteinen. Früchte würfeln. Pflaumen mit Slibowitz und 25 g Zucker mischen, ziehen lassen.

4. Gelatine einweichen. Zitronen heiß waschen, abtrocknen. Schale abreiben, Frucht auspressen. Quark, Rest Zucker, Zitronensaft und -schale verrühren. Gelatine ausdrücken, auflösen und 2 EL Quarkmasse einrühren. Unter den Quark rühren. Kühl stellen, bis die Masse leicht geliert.

5. Biskuitplatte quer halbieren. Eine Hälfte auf eine Platte legen. Sahne steif schlagen, unter die Quarkcreme ziehen. Pflaumen unterheben. Hälfte Creme auf den Boden streichen. Ca. 15 Minuten kalt stellen. Rest Creme darauf geben. Zweiten Boden auflegen, leicht andrücken. Rand glatt streichen. Kuchen ca. 5 Stunden kühl stellen. In ca. 15 Quadrate schneiden. Je zur Hälfte mit Puderzucker und Zimt bestäuben. Mit Melisse verzieren.

Zubereitungszeit ca. 1 Std.
(ohne Wartezeit).
Pro Stück ca. 220 kcal / 920 kJ.
E 8 g, F 7 g, KH 29 g

Schwarzwald-Röllchen mit Kirschwasser

Zutaten für 10 Röllchen:

- 3 Eier + 3 Eigelb (Gr. M)
- 1 Prise Salz
- 80 g + 2 EL Zucker
- 60 g Mehl
- 10 g Speisestärke
- 2 EL Kakao
- 1 Glas (720 ml) Sauerkirschen
- 250 g Schmand oder stichfeste saure Sahne
- 2 Päckchen Vanillin-Zucker
- 3 Blatt weiße Gelatine
- 2 EL Kirschwasser
- 500 g Schlagsahne
- Puderzucker zum Bestäuben
- Schokoladenraspel zum Bestreuen
- Backpapier

1. Eier trennen. Eiweiß, Salz und 80 g Zucker mit den Schneebesen des Handrührgerätes steif schlagen. Alle Eigelb einzeln darunter schlagen. Mehl, Speisestärke und Kakao mischen, darüber sieben und locker unterheben.

2. Masse auf ein mit Backpapier ausgelegtes Backblech (ca. 35 x 40 cm) streichen und im vorgeheizten Backofen (E-Herd: 200 °C / Umluft: 175 °C/ Gas: Stufe 3) ca. 10 Minuten backen. Ein feuchtes Geschirrtuch mit 2 EL Zucker bestreuen, Biskuit darauf stürzen. Backpapier abziehen. Biskuit von der Längsseite her mit Hilfe des Tuches aufrollen, auskühlen lassen.

3. Kirschen gut abtropfen lassen. Schmand und Vanillin-Zucker cremig aufschlagen. Gelatine kalt einweichen. Kirschwasser erwärmen, Gelatine darin auflösen. Erst 2 EL Schmandcreme einrühren. Dann unter die übrige Schmandcreme rühren. Sahne steif schlagen, ca. ⅓ unter den Schmand heben. Rest Sahne in einen Spritzbeutel mit Sterntülle füllen. Kühl stellen.

4. Biskuit längs halbieren und beide Hälften mit der Creme bestreichen. Kirschen, bis auf 10 Stück zum Verzieren, darauf verteilen. Biskuitplatten von der Längsseite her aufrollen und ca. 2 Stunden kühl stellen. Dann in je 5 Stücke schneiden. Mit Puderzucker bestäuben, mit Sahnetuffs, Kirschen und Schokoladenraspeln verzieren.

Zubereitungszeit ca. 1 Std.
Wartezeit ca. 3 Std.
Pro Stück ca. 340 kcal / 1420 kJ.
E 6 g, F 25 g, KH 21 g

Zitronenomeletts mit Heidelbeer-Sahne

Zutaten für 6 Stück:

- 2 Eier + 2 Eigelb (Gr. M)
- 50 g + 25 g Zucker
- 1 Prise Salz
- abgeriebene Schale von 2 unbehandelten Zitronen
- 40 g Mehl
- 10 g Speisestärke
- 150 g Heidelbeeren
- 350 g Schlagsahne
- 1 Päckchen Sahnefestiger
- 1 EL Puderzucker
- Zitronenscheiben und Zitronenmelisseblättchen zum Verzieren
- Backpapier

1. Eier trennen. Eiweiß steif schlagen, 50 g Zucker und Salz dabei einrieseln lassen. Gesamtes Eigelb nacheinander darunter schlagen. Hälfte der Zitronenschale zufügen. Mehl und Speisestärke auf die Eischaummasse sieben und locker unterheben.

2. Dann 6 Kreise (10–12 cm Ø) auf ein mit Backpapier ausgelegtes Backblech zeichnen. Biskuitmasse in den Kreisen verteilen. Im vorgeheizten Backofen (E-Herd: 200 °C / Umluft: 175 °C / Gas: Stufe 3) 10–12 Minuten backen. Biskuitkreise sofort vom Backpapier lösen, je über ein dünnes Glas klappen und auskühlen lassen.

3. Heidelbeeren verlesen, waschen und abtropfen lassen. Sahne, restlichen Zucker, Sahnefestiger und übrige Zitronenschale steif schlagen. In einen Spritzbeutel mit Sterntülle füllen und die Sahne in die ausgekühlten Omeletts spritzen. Heidelbeeren in die Sahne drücken. Omeletts mit Puderzucker bestäuben und nach Belieben mit Zitronenscheiben und Melisse verziert auf einer Platte anrichten.

Zubereitungszeit ca. 1 Std. (ohne Wartezeit).
Pro Stück ca. 330 kcal / 1380 kJ.
E 6 g, F 23 g, KH 24 g

Biskuittaler mit Babybirnen

Zutaten für 6 Stück:

- 400 g Schlagsahne
- 150 g Schoko-Mint-Täfelchen
- 4 Eier (Gr. M)
- 2 EL Saft und abgeriebene Schale von 1 unbehandelten Zitrone
- 100 g Zucker
- 1 Päckchen Vanillin-Zucker
- 75 g Mehl
- 1 Msp. Backpulver
- 3 Baby-Birnen (à ca. 30 g; aus dem Glas)
- 60 g Himbeeren
- 1 EL Puderzucker
- 1 EL Kakao
- Minzeblättchen zum Verzieren
- Backpapier

1. Sahne erwärmen. Schoko-Mint-Täfelchen zufügen und unter Rühren bei milder Hitze schmelzen. Dann kurz aufkochen. Auskühlen lassen. Zugedeckt über Nacht kalt stellen.

2. Eier trennen. Eiweiß und 2 EL kaltes Wasser sehr steif schlagen. Zum Schluss Zitronensaft zufügen. Zucker und Vanillin-Zucker unter weiterem Schlagen einrieseln lassen. Eigelb einzeln darunter schlagen. Mehl und Backpulver darüber sieben, vorsichtig unter die Eischaummasse heben.

3. Biskuitmasse in einen Spritzbeutel mit Lochtülle füllen. Auf ein mit Backpapier ausgelegtes Backblech 12 ovale Platten spritzen. Im heißen Backofen (E-Herd: 175 °C / Umluft: 150 °C / Gas: Stufe 2) 12–15 Minuten backen. Biskuitplatten stürzen, Backpapier abziehen. Auskühlen lassen.

4. Birnen in Spalten schneiden, dabei das Kerngehäuse herausschneiden. Himbeeren verlesen. Schoko-Mint-Sahne steif schlagen und in einen Spritzbeutel mit Sterntülle füllen. Auf 6 Biskuitplatten spritzen. Birnenspalten und Himbeeren darauf verteilen. Jeweils mit einer zweiten Platte bedecken. Mit Puderzucker und Kakao bestäuben, mit Minze servieren.

Zubereitungszeit ca. 1¼ Std.
Wartezeit ca. 12 Std.
Pro Stück ca. 540 kcal / 2260 kJ.
E 8 g, F 29 g, KH 58 g

Mini-Biskuitrollen mit Erdbeeren

Zutaten für 12 Stück:

- 4 Eier (Gr. M)
- 25 g + 25 g + 2 EL Zucker
- 60 g Mehl
- 3 Blatt weiße Gelatine
- 250 g Erdbeeren
- 1 Päckchen Vanillin-Zucker
- 125 g Schlagsahne
- 50 g Edelbitter-Schokolade
- Puderzucker zum Bestäuben
- Sahne, Erdbeeren, Schokoblättchen und gehackte Schokolade zum Verzieren
- Backpapier

1. Eier trennen. Eigelb und 25 g Zucker schaumig schlagen. Eiweiß steif schlagen, 25 g Zucker dabei einrieseln lassen. Mit gesiebtem Mehl unter die Eigelbmasse heben. Auf ein mit Backpapier ausgelegtes Blech (ca. 35 x 40 cm) streichen. Im heißen Backofen (E-Herd: 200 °C / Umluft: 175 °C / Gas: Stufe 3) 8–10 Minuten backen.

2. Biskuit auf ein feuchtes Geschirrtuch stürzen. Backpapier abziehen, auskühlen lassen. Gelatine kalt einweichen. Erdbeeren waschen, putzen und pürieren. 2 EL Zucker und Vanillin-Zucker unterrühren. Gelatine ausdrücken und bei milder Hitze auflösen. Etwas Püree einrühren, dann unter restliches Püree rühren. Masse kalt stellen, bis sie zu gelieren beginnt.

3. Sahne steif schlagen. Schokolade hacken. Beides unter das Frucht-Püree heben. Biskuit quer in 3 gleich große Stücke schneiden. Erdbeercreme darauf streichen. Jedes Stück von der breiten Seite her aufrollen. Jede Rolle in 4 Stücke schneiden und mit Puderzucker bestäuben. Mit Sahnetuffs, Erdbeeren, Schokoblättern und gehackter Schokolade verzieren.

Zubereitungszeit ca. 1 Std.
Pro Stück ca. 140 kcal / 580 kJ.
E 4 g, F 7 g, KH 14 g

Mandarinen-Mohnrolle

Zutaten für ca. 12 Stücke:

- 5 Eier (Gr. M)
- 150 g + etwas Zucker
- 1 Päckchen Vanillin-Zucker
- 1 Prise Salz
- 100 g Mehl
- 1 TL Backpulver
- 100 g gemahlener Mohn
- 3 Päckchen Sahnefestiger
- 2 Dosen (à 314 ml) Mandarin-Orangen
- 600 g Schlagsahne
- 250 g Magerquark
- 250 g Vanille-Joghurt
- evtl. Melisse zum Verzieren
- Backpapier

1. Backblech (ca. 35 x 40 cm) mit Backpapier auslegen. Für den Biskuit Eier und 9 EL Wasser mit den Schneebesen des Handrührgerätes 5–7 Minuten schaumig schlagen. 150 g Zucker, Vanillin-Zucker und Salz dabei nach und nach einrieseln lassen.

2. Mehl und Backpulver sieben. Mit dem Mohn mischen und unter die Zucker-Ei-Creme heben. Masse gleichmäßig auf das Backblech streichen. Im vorgeheizten Backofen (E-Herd: 200 °C / Umluft: 175 °C/ Gas: Stufe 3) 12–15 Minuten backen.

3. Ein sauberes Geschirrtuch mit etwas Zucker bestreuen. Den Biskuit auf das Tuch stürzen. Das Backpapier vorsichtig abziehen. Biskuit mit 1 Päckchen Sahnefestiger bestreuen, aufrollen und auskühlen lassen.

4. Mandarinen gut abtropfen lassen. 24 Stück zum Verzieren beiseite legen, Rest klein schneiden. 400 g Sahne und 1 Päckchen Sahnefestiger steif schlagen. Quark und Vanille-Joghurt glatt verrühren. Sahne unterheben.

5. ⅓ der Creme abnehmen. Mandarinenstücke unter die restliche Creme heben und auf den Biskuit streichen. Mit Hilfe des Tuchs aufrollen. 200 g Sahne und 1 Päckchen Festiger steif schlagen, unter die restliche Creme ziehen. Mohnrolle damit einstreichen. Mit den übrigen Mandarinen und Melisse verzieren. 3–4 Stunden kalt stellen.

Zubereitungszeit ca. 1 Std.
Wartezeit 4–5 Std.
Pro Stück ca. 340 kcal / 1420 kJ.
E 9 g, F 19 g, KH 30 g

Zitronencreme-Schnitten

Zutaten für ca. 12 Stücke:

- 1 Beutel Götterspeise „Zitrone" (für 500 ml Wasser; kein Instant-Produkt)
- 50 g + 75 g + 125 g Zucker
- 3 Eier (Gr. M)
- Schale und Saft von 1 unbehandelten Zitrone
- 75 g Mehl
- 25 g Speisestärke
- 1 gestrichener TL Backpulver
- 175 g Doppelrahm-Frischkäse
- 400 g Schlagsahne
- 150 g Zitronen-Marmelade
- 75 g Mandelblättchen
- 1 EL Puderzucker
- Backpapier
- Alufolie

1. Götterspeise-Pulver in ½ l kaltem Wasser ca. 10 Minuten quellen lassen. Dann mit 50 g Zucker unter Rühren erhitzen, bis alles gelöst ist (nicht kochen!). Auskühlen lassen. Dann kalt stellen, bis alles leicht geliert (dauert ca. 1 ½ Stunden).

2. Eier trennen. Eiweiß und 3 EL Wasser steif schlagen, dabei 75 g Zucker einrieseln lassen. Eigelb und Zitronenschale einzeln darunter schlagen. Mehl, Stärke und Backpulver mischen, über die Eischaummasse sieben und unterheben. Auf ein mit Backpapier ausgelegtes Blech (ca. 35 x 40 cm) streichen. Im heißen Ofen (E-Herd: 200 °C / Umluft: 175 °C/ Gas: Stufe 3) 12–15 Minuten backen. Biskuit auskühlen lassen und dann quer halbieren.

3. 125 g Zucker, Doppelrahm-Frischkäse und Zitronensaft verrühren. Götterspeise unterheben. Sahne steif schlagen und unterziehen. Kurz kühl stellen. Einen hohen Rahmen aus doppelt gefalteter Alufolie um den unteren Boden setzen. Creme darauf streichen und den zweiten Boden darauf legen. 4 Stunden kalt stellen. Marmelade darauf streichen. Mandeln rösten und darüber streuen. Mit Puderzucker bestäuben.

Zubereitungszeit ca. 1¼ Std.
Wartezeit ca. 4½ Std.
Pro Stück ca. 440 kcal / 1840 kJ.

Mango-Mascarpone-Törtchen

Zutaten für ca. 10 Stück:

- 5 Eier (Gr. M), 1 Prise Salz
- 75 g + 2 EL (30 g) Zucker
- 1 Päckchen Vanillin-Zucker
- 75 g Mehl, 25 g Speisestärke
- 2 Blatt weiße Gelatine
- 1 Dose (425 ml) Mangospalten oder 1 Dose (425 ml) Pfirsiche
- 100 g Schlagsahne
- 175 g Mascarpone (ital. Frischkäse)
- 175 g Magerquark
- abgeriebene Schale von 1 unbehandelten Zitrone
- 2 EL Rum, ca. 1 EL Puderzucker
- 125 g Aprikosenkonfitüre
- Backpapier
- evtl. ca. 10 Papier-Backförmchen

1. Eier trennen. Eiweiß und Salz steif schlagen. 75 g Zucker und Vanillin-Zucker dabei einrieseln lassen. Eigelb einzeln darunter schlagen. Mehl und Stärke mischen, über die Eischaummasse sieben und unterheben. Masse auf ein mit Backpapier ausgelegtes Backblech (ca. 35 x 40 cm) streichen. Im heißen Backofen (E-Herd: 200 °C/ Umluft: 175 °C / Gas: Stufe 3) 10–12 Minuten backen. Biskuit mit einem Messer vom Blechrand lösen, auf ein mit Zucker bestreutes sauberes Geschirrtuch stürzen. Backpapier abziehen. Biskuit samt Tuch von der langen Seite her aufrollen. Auskühlen lassen.

2. Gelatine einweichen. Mango abtropfen lassen und fein würfeln. Sahne steif schlagen. Mascarpone, Quark, 2 EL Zucker und Zitronenschale verrühren. Gelatine ausdrücken, bei milder Hitze auflösen und mit Rum verrühren. Gelatine in die Creme rühren. So lange kühlen, bis die Creme zu gelieren beginnt. Sahne und Mango unterheben. Biskuit entrollen, Creme darauf streichen und wieder aufrollen. Danach mind. 3 Stunden kalt stellen.

3. Rolle mit Puderzucker bestäuben. In ca. 10 gleich große Stücke schneiden und mit der Schnittfläche nach oben evtl. in Papier-Backförmchen setzen. Aprikosenkonfitüre erwärmen, durch ein Sieb streichen und die Törtchen oben dünn damit bestreichen. Bis zum Servieren kalt stellen.

Zubereitungszeit ca. 1 Std.
Wartezeit mind. 4 Std.
Pro Stück ca. 290 kcal / 1210 kJ.
E 8 g, F 14 g, KH 32 g

Gebäck mit

Gefüllter Bienenstich

Zutaten für ca. 24 Stücke:

- 2 Päckchen Puddingpulver „Vanille" (für je ½ l Milch; zum Kochen)
- 1 l + ¼ l + 5 EL Milch
- 500 g Mehl
- 1 Würfel (42 g) Hefe
- 1 TL + 200 g + 75 g + 150 g Zucker
- 125 g + 75 g + 250 g Butter
- 2 Päckchen Vanillin-Zucker
- 200 g Mandelblättchen
- 2 Eier (Gr. M)
- 1 Prise Salz
- 25 g Kokosfett
- Backpapier
- Alufolie

1. Aus Puddingpulver und 1 l Milch einen Pudding kochen, kalt stellen. Mehl in eine Schüssel geben. In die Mitte eine Mulde drücken. Die Hefe hineinbröckeln und 1 TL Zucker darüber streuen. ¼ l Milch erwärmen und dazugießen. Mit etwas Mehl vom Rand zu einem Vorteig verrühren. Zugedeckt an einem warmen Ort 30 Minuten gehen lassen.

2. 125 g Butter, 200 g Zucker, 1 Päckchen Vanillin-Zucker und Mandeln in einem Topf bei schwacher Hitze leicht bräunen lassen. 5 EL Milch unterrühren, abkühlen lassen. Eier, Salz, 75 g Zucker, 1 Päckchen Vanillin-Zucker und 75 g Butter unter den Hefevorteig kneten. Teig nochmals 30 Minuten gehen lassen.

3. Backblech mit Backpapier auslegen. Teig darauf ausrollen und mit Mandelmasse bestreichen. Im vorgeheizten Backofen (E-Herd: 200 °C/ Umluft: 175 °C / Gas: Stufe 3) ca. 20 Minuten backen. Abkühlen lassen.

4. Rest Butter und Zucker schaumig rühren. Pudding esslöffelweise darunter schlagen. Kokosfett schmelzen, abkühlen lassen, unter die Creme rühren. Kalt stellen. Kuchen in 4 Streifen schneiden, vom Blech nehmen. Backpapier abziehen. Jeden Streifen einmal waagerecht durchschneiden.

5. 5 Stücke Alufolie in Länge der Kuchenstücke zu 6 cm breiten Streifen falten. Untere Kuchenstreifen mit Folie dazwischen wieder auf dem Blech zusammensetzen. Mit Creme füllen, obere Streifen darauf legen. Kalt stellen. Streifen in Stücke schneiden.

Zubereitungszeit ca. 2½ Std.
Pro Stück ca. 420 kcal / 1760 kJ.
E 4 g, F 24 g, KH 43 g

Tradition

Evergreens aus Großmutters Rezeptbuch

Es gibt Gebäck, das nie aus der Mode kommt. Wenn der Duft von Omas Butterkuchen oder Frankfurter-Kranz-Schnitten in der Nase kitzelt, sind große und kleine Genießer gleich zur Stelle

Frankfurter-Kranz-Schnitten

Zutaten für ca. 10 Stücke:

- 1 Päckchen Puddingpulver „Vanille" (für ½ l Milch; zum Kochen)
- ½ l Milch, 25 g + 50 g Zucker
- 3 Eier (Gr. M)
- 30 g Mehl, 30 g Speisestärke
- 1 Messerspitze Backpulver
- 250 g weiche Butter
- 150 g Himbeergelee
- 150 g Haselnuß-Krokant
- ca. 10 rote Belegkirschen

1. Puddingpulver, 4 EL Milch und 2 EL (25 g) Zucker verrühren. Rest Milch aufkochen, Puddingpulver einrühren, kurz aufkochen. Auskühlen lassen.

2. Eier trennen. Eiweiß und 50 g Zucker steif schlagen. Eigelb unterziehen. Mehl, Stärke und Backpulver sieben und unterheben. Auf ein mit Backpapier ausgelegtes Blech (35 x 40 cm) streichen. Im heißen Ofen (E-Herd: 200 °C / Umluft: 175 °C / Gas: Stufe 3) ca. 10 Minuten backen. Auf ein mit Zucker bestreutes Tuch stürzen und Papier abziehen. Teig in 4 Streifen schneiden und auskühlen lassen.

3. Butter schaumig rühren. Pudding esslöffelweise unterrühren. Einen Streifen mit Creme bestreichen, zweiten darauf legen. 4 EL Creme in einen Spritzbeutel füllen, längs 4 Streifen mit etwas Abstand auf den zweiten Streifen spritzen. Gelee glatt rühren und dazwischen füllen.

4. Dritten und vierten Streifen mit Creme bestreichen, alles aufeinander setzen und einstreichen. Mit Creme, Krokant und Kirschen verzieren, dann in Stücke schneiden.

Zubereitungszeit ca. 1 Std. (ohne Wartezeit).
Pro Stück ca. 400 kcal / 1680 kJ.
E 5 g, F 25 g, KH 36 g

Großmutters Butterkuchen

Zutaten für ca. 24 Stücke:

- 250 g (1 Becher) Schlagsahne
- 4 Eier (Gr. M)
- 2 Sahne-Becher (ca. 460 g) Zucker
- 2 Päckchen Vanillin-Zucker
- abgeriebene Schale von 1 unbehandelten Zitrone
- 2 Sahne-Becher (ca. 300 g) Mehl
- 1 Päckchen Backpulver
- Fett für die Fettpfanne
- 125 g Butter
- 4 EL Milch
- 200 g Mandelblättchen

1. Sahne in eine Rührschüssel gießen. Den Sahne-Becher waschen, abtrocknen und dann als Messbecher verwenden. Sahne, Eier, 1 Becher Zucker, 1 Päckchen Vanillin-Zucker und Zitronenschale so lange schlagen, bis sich der Zucker gelöst hat. Mehl und Backpulver mischen und kurz unterrühren.

2. Teig auf eine gefettete Fettpfanne (ca. 32 x 39 cm) geben und glatt streichen. Im vorgeheizten Backofen (E-Herd: 200 °C / Umluft: 175 °C/ Gas: Stufe 3) ca. 10 Minuten backen.

3. Butter, Milch, 1 Becher Zucker und 1 Päckchen Vanillin-Zucker unter Rühren köcheln lassen, bis der Zucker gelöst ist. Mandeln unterheben und etwas abkühlen lassen. Masse gleichmäßig auf dem Kuchen verteilen und bei gleicher Temperatur weitere ca. 15 Minuten backen. Kuchen herausnehmen und auskühlen lassen.

Zubereitungszeit ca. 50 Min.
Pro Stück ca. 260 kcal / 1090 kJ.
E 4 g, F 13 g, KH 30 g

EXTRA-TIPP

Sollte einmal etwas Mehl bei der Teigzubereitung fehlen, kann es bis zur Hälfte problemlos durch Speisestärke ersetzt werden. Die Stärke macht das Gebäck außerdem schön locker.

Quark-Streuselkuchen mit Rhabarber

Zutaten für ca. 25 Stücke:

- 1,2 kg Rhabarber
- 125 g + 250 g + 150 g Zucker
- 300 g Butter/Margarine
- 500 g Mehl
- 1 Messerspitze Zimt
- 4 Eier (Gr. M)
- 65 g Speisestärke
- 1 Päckchen Puddingpulver „Vanille“ (für ½ l Milch; zum Kochen)
- 750 g Magerquark
- 2 EL Zitronensaft

1. Rhabarber putzen und waschen. In Stücke schneiden und mit 125 g Zucker mischen. Ca. 30 Minuten ziehen lassen.

2. Fett schmelzen. Mehl, 250 g Zucker und Zimt in einer Schüssel mischen. 1 Ei zufügen. Mit den Knethaken des Handrührgerätes zu Streuseln verkneten. Dabei flüssiges Fett nach und nach zugießen. Ca. ¾ der Streusel auf einem gefetteten und mit Mehl bestäubten Backblech verteilen und fest andrücken.

3. Rhabarber aufkochen. 50 g Stärke und 7 EL Wasser glatt rühren. Unter Rühren zum Rhabarber gießen und kurz aufkochen lassen. Das Kompott etwas abkühlen lassen.

4. 150 g Zucker und 3 Eier schaumig rühren. Puddingpulver, übrige Stärke, Quark und Zitronensaft unterrühren.

5. Kompott auf die Streusel geben. Quark darauf verstreichen. Im heißen Backofen (E-Herd: 200 °C / Umluft: 175 °C / Gas: Stufe 3) 45–50 Minuten backen. Nach ca. 15 Minuten Backzeit restliche Streusel darauf verteilen und fertig backen. Dazu schmeckt Schlagsahne.

Zubereitungszeit ca. 1¾ Std.
Pro Stück ca. 300 kcal / 1260 kJ.
E 7 g, F 11 g, KH 42 g

Butterkuchen mit Zucker und Zimt

Zutaten für ca. 20 Stücke:

- ¼ l Milch
- 1 Würfel (42 g) Hefe
- 500 g Mehl
- 50 g + 200 g Zucker
- 250 g weiche Butter
- 1 Prise Salz
- Fett fürs Blech
- 1 TL Zimt
- 300 g saure Sahne

1. Milch leicht erwärmen. Hefe hineinbröckeln und darin auflösen. Mehl, 50 g Zucker, 50 g Butter und Salz verrühren. Die Hefemilch zugeben und alles zu einem glatten Teig verkneten. An einem warmen Ort zugedeckt 30 Minuten gehen lassen.

2. Den Teig nochmals gut durchkneten. Auf einem gefetteten Backblech (ca. 35 x 40 cm) ausrollen. Dann erneut 30 Minuten an einem warmen Ort gehen lassen. Anschließend mit den Fingern kleine „Nasen" aus dem Teig herauszupfen. Restliche Butter schmelzen und über den Teig verteilen. 200 g Zucker mit Zimt mischen und über den Teig streuen.

3. Kuchen im vorgeheizten Backofen (E-Herd: 175 °C / Umluft: 150 °C/ Gas: Stufe 2) ca. 25 Minuten backen. Anschließend auskühlen lassen. Platte in ca. 20 Stücke schneiden. Die saure Sahne glatt rühren und zum Butterkuchen servieren.

Zubereitungszeit ca. 1¼ Std.
Pro Stück ca. 290 kcal / 1210 kJ.
E 4 g, F 15 g, KH 32 g

Vanille-Milchreis-Kuchen

Zutaten für ca. 36 Stücke:

- 1/8 l + 1 1/2 l Milch
- 30 g Hefe
- 375 g Mehl
- 125 g + 50 g + 25 g Zucker
- 1 Beutel „Feine Zitronenschale" (mit Traubenzucker)
- 300 g Milchreis
- 3 Eier (Gr. M)
- 50 g weiche Butter/Margarine
- 200 g Schlagsahne
- 1 Päckchen Dessert-Soße „Vanille-Geschmack" (für 1/2 l Milch)
- 2 Eiweiß (Gr. M)
- Fett für die Fettpfanne
- 1 EL Puderzucker

1. 1/8 l Milch erwärmen und die Hefe darin auflösen. Eine Mulde in das Mehl drücken, Hefemilch zugießen und mit etwas Mehl zum Vorteig verrühren. Zugedeckt etwa 15 Minuten gehen lassen.

2. 1 1/2 l Milch, 125 g Zucker und Zitronenschale aufkochen. Reis einstreuen und ca. 20 Minuten quellen lassen. Abkühlen lassen.

3. Den Hefevorteig mit 50 g Zucker, 1 Ei und Fett verkneten. An einem warmen Ort nochmals ca. 30 Minuten gehen lassen.

4. 2 Eier trennen. Sahne, Soßenpulver und 2 Eigelb verrühren und unter den Milchreis rühren. 3 Eiweiß steif schlagen und unterziehen.

5. Teig auf der gefetteten Fettpfanne (ca. 32 x 39 cm) ausrollen, Reis darauf verstreichen. Im vorgeheizten Backofen (E-Herd: 200 °C / Umluft: 175 °C/ Gas: Stufe 3) ca. 30 Minuten backen. 1 Eiweiß und 25 g Zucker steif schlagen. Eischnee nach ca. 20 Minuten Backzeit auf den Reis streichen. Kuchen fertig backen. Auskühlen lassen und mit Puderzucker bestäuben.

Zubereitungszeit ca. 1 3/4 Std.
Pro Stück ca. 140 kcal / 580 kJ.
E 4 g, F 5 g, KH 18 g

Mohn-Krümelkuchen

Zutaten für ca. 30 Stücke:

- ½ l + 75 ml Milch
- 400 g fein gemahlener Mohn (evtl. beim Händler mahlen lassen)
- 150 g + 125 g kalte Butter/Margarine
- 250 g Honig
- 100 g gemahlene Mandeln
- 600 g Mehl
- 1 Prise Salz
- 100 g + 75 g Zucker
- 250 g Magerquark
- 6 EL Öl
- 1 Ei (Gr. M)
- 1 Päckchen Vanillin-Zucker
- 1 Päckchen Backpulver
- Fett für die Fettpfanne

1. ½ l Milch aufkochen. Mohn einstreuen und bei schwacher Hitze ca. 30 Minuten quellen lassen. 150 g Fett und Honig erwärmen. Mandeln unter die Honigmasse rühren. Bei schwacher Hitze 15 Minuten köcheln lassen. Mohn unterrühren.

2. 200 g Mehl, Salz und 100 g Zucker mischen. 125 g Fett in Flöckchen zugeben. Dann alles mit den Knethaken zu Streuseln verarbeiten.

3. Quark, Öl, 75 ml Milch, Ei, Vanillin-Zucker und 75 g Zucker verrühren. 200 g Mehl unterrühren. 200 g Mehl und Backpulver mischen und unter die Quarkmasse kneten.

4. Teig auf einer gefetteten Fettpfanne (ca. 32 x 39 cm) ausrollen. Mohnmasse darauf streichen. Streusel darüber streuen. Im vorgeheizten Backofen (E-Herd: 175 °C/ Umluft: 150 °C / Gas: Stufe 2) ca. 35 Minuten backen. Nach Belieben mit Schlagsahne servieren.

Zubereitungszeit ca. 1¾ Std.
Pro Stück ca. 310 kcal / 1300 kJ.
E 7 g, F 13 g, KH 39 g

Erdbeer-Schnitten mit Sahne

Zutaten für ca. 24 Stücke:

- 1,75 kg Erdbeeren
- 40 g + 200 g + 40 g Zucker
- 1 unbehandelte Zitrone
- 250 g weiche Butter/Margarine
- 4 Eier (Gr. M)
- 200 g Mehl
- 125 g Speisestärke
- 1 TL Backpulver
- Fett fürs Blech
- 2 EL Puderzucker
- ca. 1 l Johannisbeersaft
- 4 Päckchen roter Tortenguss (für je ¼ l Flüssigkeit)
- 250 g Schlagsahne
- evtl. Krokant zum Verzieren

1. Erdbeeren waschen, putzen und klein schneiden. Dann mit 40 g Zucker bestreuen und ca. 30 Minuten durchziehen lassen.

2. Zitrone waschen. Schale abreiben, Saft auspressen. Fett, 200 g Zucker und Zitronenschale schaumig rühren. Eier nacheinander unterrühren. Mehl, Stärke und Backpulver mischen, portionsweise darüber sieben und unterrühren. Teig auf ein gefettetes Backblech (35 x 40 cm) streichen. Dann im heißen Backofen (E-Herd: 200 °C/ Umluft: 175 °C / Gas: Stufe 3) ca. 20 Minuten backen.

3. Puderzucker und Zitronensaft verrühren. Den Kuchen damit beträufeln. Erdbeeren gut abtropfen lassen, dabei den Saft auffangen. Früchte auf dem Boden verteilen.

4. Erdbeersaft mit Johannisbeersaft auf 1 l auffüllen. Mit Tortengusspulver und 40 g Zucker verrühren und aufkochen. Erdbeeren damit überziehen. Guss fest werden lassen. Sahne steif schlagen. Kuchen mit Sahnetuffs und evtl. Krokant verzieren.

Zubereitungszeit ca. 1½ Std. (ohne Wartezeit). Pro Stück ca. 270 kcal / 1130 kJ. E 3 g, F 13 g, KH 33 g

Thüringer Mohnkuchen

Zutaten für ca. 25 Stücke:

- 375 g Mehl
- Salz
- 30 g frische Hefe
- ⅛ l + 1 l + ½ l + ⅛ l Milch
- 3 Eier (Gr. M)
- 50 g weiche Butter/Margarine
- 50 g + 150 g Zucker
- 125 g Grieß
- 375 g gemahlener Mohn
- 50 g Rosinen
- 75 g gemahlene Mandeln
- 1–2 EL Rum
- abgeriebene Schale von 1 unbehandelten Zitrone
- Fett für die Fettpfanne
- 1–2 EL Puderzucker

1. Das Mehl und 1 Prise Salz in einer Schüssel mischen und in die Mitte eine Mulde drücken. Hefe in ⅛ l lauwarmer Milch auflösen, zugießen und mit etwas Mehl verrühren. Vorteig 15 Minuten gehen lassen. 1 Ei, Fett und 50 g Zucker zufügen. Alles zu einem glatten Teig verkneten. Nochmals ca. 30 Minuten gehen lassen.

2. 1 l Milch, 150 g Zucker und 1 Prise Salz aufkochen. Grieß einrühren und ca. 10 Minuten quellen lassen. ½ l Milch aufkochen, über den Mohn gießen. Mit der Hälfte vom Grieß verrühren. Rosinen abspülen. Mit Mandeln, Rum und Zitronenschale unter den Mohn rühren. 2 Eier trennen. Eigelb unter den Grieß ziehen. Eiweiß steif schlagen und unterheben.

3. Teig nochmals durchkneten und auf einer gefetteten Fettpfanne ausrollen. Zuerst Mohn, dann Grieß darauf verstreichen. Im heißen Backofen (E-Herd: 200 °C / Umluft: 175 °C/ Gas: Stufe 3) 30–40 Minuten backen. Sofort nach dem Backen mehrmals einstechen und mit ⅛ l warmer Milch beträufeln. Mit Puderzucker bestäuben und in Stücke schneiden.

Zubereitungszeit ca. 2 Std.
Pro Stück ca. 290 kcal / 1210 kJ.
E 9 g, F 13 g, KH 32 g

Käsekuchen - einf

Verrückt nach Käsekuchen? Hier finden Sie eine Menge Anregungen, um dieser Lust zu frönen. Vom Frischkäse-Kuchen mit Obst bis zur klassischen Eierschecke ist für jeden etwas dabei

...ach Spitze!

... mal mit Quark, mal mit sahnigem Frischkäse

Quarkschnitten mit Mandarinen

Zutaten für ca. 12 Stücke:

- 100 g Mehl
- 25 g + 200 g Zucker
- 1 Prise Salz, 3 Eier (Gr. M)
- 50 g kalte Butter/Margarine
- Mehl zum Ausrollen
- Fett fürs Blech
- 2 Dosen (à 314 ml) Mandarin-Orangen
- 1 Päckchen Vanillin-Zucker
- 1 kg Magerquark
- Schale und Saft von 1 unbehandelten Zitrone
- 1 Päckchen Puddingpulver „Vanille" (für ½ l Milch; zum Kochen)
- Trockenerbsen zum Blindbacken
- Alufolie und Backpapier

1. Mehl, 25 g Zucker und Salz vermischen. 1 Ei und Fett in Flöckchen zugeben und alles zu einem glatten Mürbeteig verkneten. Abgedeckt etwa 30 Minuten kalt stellen.

2. Teig auf bemehlter Arbeitsfläche zu einem Rechteck von ca. 23 x 26 cm ausrollen. Auf ein gefettetes Backblech legen. Aus Alufolie einen Rand darumlegen.

3. Backpapier und Trockenerbsen auf den Teig geben. Im vorgeheizten Backofen (E-Herd: 175 °C / Umluft: 150 °C / Gas: Stufe 2) ca. 15 Minuten vorbacken. Papier und Erbsen entfernen. Abkühlen lassen.

4. Mandarinen in einem Sieb gut abtropfen lassen. Restliche Eier, 200 g Zucker und Vanillin-Zucker schaumig schlagen. Quark, Zitronensaft und -schale sowie das Puddingpulver unterrühren. Mandarinen, bis auf 2 EL zum Garnieren, unterheben.

5. Quarkmasse auf den Boden streichen. Übrige Mandarinen darauf verteilen. Im vorgeheizten Backofen (E-Herd: 175 °C / Umluft: 150 °C/ Gas: Stufe 2) ca. 1 Stunde backen.

Zubereitungszeit ca. 2 Std. (ohne Wartezeit). Pro Stück ca. 220 kcal / 920 kJ. E 12 g, F 5 g, KH 31 g

Polnischer Schoko-Quark-Kuchen

Zutaten für ca. 20 Stücke:

- 5 Eier (Gr. M)
- 125 g + 125 g kalte Butter/Margarine
- 400 g Mehl
- 2 TL + 1 gestr. TL Backpulver
- 2 EL Kakao
- 200 g + 250 g Zucker
- 2 Päckchen Vanillin-Zucker
- 1 kg Magerquark
- 1 Päckchen Puddingpulver „Vanille“ (für ½ l Milch; zum Kochen)
- Fett und Paniermehl fürs Blech
- evtl. 75–100 g Puderzucker
- evtl. 2–3 EL Zitronensaft
- evtl. 1 Gefrierbeutel

1. 1 Ei trennen. 125 g Fett in Stückchen, Mehl, 2 TL Backpulver, Kakao, 200 g Zucker, 1 Päckchen Vanillin-Zucker, 1 Ei und 1 Eigelb zu einem glatten Teig verkneten. Zugedeckt ca. 1 Stunde ins Gefrierfach legen.

2. 125 g Fett schmelzen und abkühlen lassen. 3 Eier trennen. Quark, 250 g Zucker, 1 Päckchen Vanillin-Zucker, Puddingpulver, 1 gestr. TL Backpulver, 125 g Fett und 3 Eigelb verrühren. 4 Eiweiß steif schlagen und unter die Quarkmasse heben.

3. Ein kleines Backblech (25 x 32 cm) fetten und mit Paniermehl ausstreuen. Die Hälfte des Teiges darauf raspeln und leicht andrücken. Die Quarkfüllung darauf streichen und den übrigen Teig darauf raspeln.

4. Im vorgeheizten Backofen (E-Herd: 175 °C / Umluft: 150 °C / Gas: Stufe 2) ca. 1 Stunde backen. Anschließend auskühlen lassen.

5. Evtl. Puderzucker und Zitronensaft glatt rühren. In einen Gefrierbeutel füllen und eine kleine Ecke abschneiden. Kuchen mit Zuckerguss-Streifen verzieren. Trocknen lassen.

Zubereitungszeit ca. 1¾ Std.
Wartezeit ca. 3–4 Std.
Pro Stück ca. 330 kcal / 1380 kJ.
E 11 g, F 12 g, KH 43 g

Käsekuchen mit gemischtem Obst

Zutaten für ca. 20 Stücke:

- 2 Dosen (à 850 ml) Fruchtcocktail
- 100 g weiche Butter/Margarine
- 150 g + 50 g + 150 g + 1½ EL Zucker
- 7 Eier (Gr. L)
- 350–375 g Mehl
- 1 Päckchen Backpulver
- ca. 100 ml Milch
- Fett für die Fettpfanne
- 3 Päckchen Vanillin-Zucker
- 1 EL Öl
- 1 kg Magerquark
- 250 g Schmand oder Crème fraîche
- 3 Päckchen Puddingpulver „Vanille" (für je ½ l Milch; zum Kochen)
- 2 Päckchen klarer Tortenguss
- 200 g Schlagsahne

1. Früchte in einem Sieb abtropfen lassen, Saft dabei auffangen. Früchte evtl., bis auf ca. 20 zum Verzieren, würfeln. Fett und 150 g Zucker schaumig schlagen. 3 Eier einzeln unterrühren. Mehl und Backpulver mischen, sieben und im Wechsel mit der Milch unterrühren. Teig auf eine gefettete Fettpfanne (ca. 32 x 39 cm) streichen.

2. 4 Eier trennen. Eiweiß sehr steif schlagen, dabei 50 g Zucker einrieseln lassen. Eigelb, 150 g Zucker und 2 Päckchen Vanillin-Zucker schaumig schlagen. Dann Öl, Quark, Schmand und Puddingpulver nacheinander unterrühren. Zuletzt Eischnee und Früchte unterheben. Quarkmasse auf den Teig streichen. Kuchen im vorgeheizten Backofen (E-Herd: 200 °C/ Umluft: 175 °C / Gas: Stufe 3) 30–40 Minuten backen. Anschließend gut auskühlen lassen.

3. Tortengusspulver und 1½ EL Zucker mischen. Mit 550 ml Fruchtsaft verrühren und unter Rühren aufkochen. Kuchen mit dem Guss bestreichen. Sahne und 1 Päckchen Vanillin-Zucker steif schlagen. Käsekuchen vor dem Servieren mit Sahnetuffs und restlichen Früchten verzieren.

Zubereitungszeit ca. 1½ Std.
Wartezeit 2–3 Std.
Pro Stück ca. 370 kcal / 1550 kJ.
E 12 g, F 13 g, KH 49

Sächsische Eierschecke

Zutaten für ca. 24 Stücke:

Für den Hefeteig:
- 150 ml Milch
- 30 g frische Hefe
- 375 g Mehl
- 1 Ei (Gr. M)
- 50 g Zucker
- 50 g Butter/Margarine
- 1 Prise Salz

Für Quarkcreme und Guss:
- 1 Päckchen Puddingpulver „Vanille“ (für ½ l Milch; zum Kochen)
- 200 g Butter
- ¼ l Milch, 350 g Zucker
- 8 Eier (Gr. M)
- Fett für die Fettpfanne
- 2 EL Paniermehl
- 750 g Magerquark
- 75 g Rosinen
- 50 g gehackte Mandeln
- 2 Päckchen Vanillin-Zucker
- Pergamentpapier

1. Milch erwärmen. Zerbröckelte Hefe darin auflösen. Mehl, Ei, Zucker, Fett, Salz und Hefemilch in einer Schüssel verkneten. Ca. 15 Minuten zugedeckt an einem warmen Ort gehen lassen. Kräftig durchkneten und weitere 15 Minuten gehen lassen.

2. Puddingpulver mit etwas Milch glatt rühren. Rest Milch aufkochen, Puddingpulver einrühren und nochmals aufkochen. Abkühlen lassen. Butter und 200 g Zucker schaumig rühren. Pudding esslöffelweise unterrühren. 5 Eier trennen. Eigelb nach und nach unter die Buttercreme rühren.

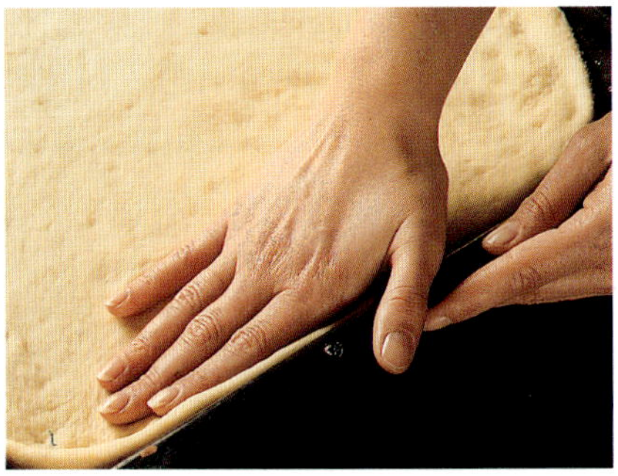

3. Eine Fettpfanne fetten und mit Paniermehl ausstreuen. Teig durchkneten und in der Form ausrollen. Am Rand hochdrücken. Mit einer Gabel mehrmals einstechen.

4. Quark, restlichen Zucker und übrige Eier verrühren. Creme auf dem Teig verteilen. Mit Rosinen und Mandeln bestreuen. Eiweiß steif schlagen und unter die Buttercreme heben. Gleichmäßig auf der Quarkmasse verteilen. Im vorgeheizten Backofen (E-Herd: 200 °C / Umluft: 175 °C / Gas: Stufe 3) ca. 1 Stunde backen. Nach 40 Minuten mit Pergamentpapier abdecken. Den Kuchen noch heiß mit Vanillin-Zucker bestreuen. Abkühlen lassen und in Stücke schneiden.

Zubereitungszeit ca. 2¼ Std.
Pro Stück ca. 310 kcal / 1300 kJ.
E 11 g, F 13 g, KH 34 g

Frischkäse-Kuchen mit dreierlei Obst

Zutaten für ca. 24 Stücke:

Für den Rührteig:

- 5 Eier (Gr. M)
- 300 g Zucker
- 1 Päckchen Vanillin-Zucker
- 350 g Mehl
- 1 Päckchen Backpulver
- 175 ml Orangenlimonade (mit Kohlensäure)
- ⅛ l Öl
- Fett für die Fettpfanne

Für den Belag:

- 1 Dose (850 ml) Aprikosen
- je 250 g helle und dunkle Weintrauben (evtl. kernlose)
- 300 g Brombeeren
- 400 g Doppelrahm-Frischkäse
- 500 g Magerquark
- 175 g Zucker
- abgeriebene Schale und Saft von 1 unbehandelten Zitrone
- 200 g Schlagsahne
- 1 Päckchen Sahnefestiger

1. Eier, Zucker und Vanillin-Zucker mit den Schneebesen des Handrührgerätes ca. 5 Minuten schaumig rühren. Mehl und Backpulver mischen. Mit Limonade und Öl kurz unterrühren. Rührteig in eine gefettete Fettpfanne (ca. 32 x 39 cm) streichen. Im heißen Backofen (E-Herd: 175 °C/ Umluft: 150 °C / Gas: Stufe 2) ca. 25 Minuten backen. Auskühlen lassen.

2. Aprikosen abtropfen lassen. Weintrauben waschen, halbieren und evtl. entkernen. Brombeeren verlesen und waschen.

3. Frischkäse, Quark, Zucker, Zitronenschale und -saft verrühren. Sahne und Sahnefestiger steif schlagen und unterheben. Masse auf den Kuchen streichen und dann die Früchte in drei Streifen darauf verteilen. Bis zum Servieren kühl stellen.

Zubereitungszeit ca. 1 Std. (ohne Wartezeit). Pro Stück ca. 330 kcal / 1380 kJ. E 8 g, F 14 g, KH 41 g

Zupfkuchen mit Kirschen

Zutaten für ca. 25 Stücke:

- 450 g Mehl
- 2 Päckchen Vanillin-Zucker
- 200 g + 300 g Zucker
- 1 Prise Salz
- 35 g Kakao
- 1 Päckchen Backpulver
- 275 g + 125 g weiche Butter/Margarine
- 8 Eier (Gr. M)
- 2 Gläser (à 720 ml) Kirschen
- 1,5 kg Magerquark
- 1½ Päckchen (50 g) Puddingpulver „Vanille" (für je ½ l Milch; zum Kochen)
- Fett für die Fettpfanne
- Sahnetuffs und Kakao zum Verzieren

1. Für den Teig Mehl, 1 Päckchen Vanillin-Zucker, 200 g Zucker, Salz, Kakao und Backpulver mischen. 275 g Fett und 2 Eier zufügen. Mit den Knethaken des Handrührgerätes zu einem glatten Teig verkneten. Dann 30 Minuten kalt stellen.

2. Für die Quarkmasse 125 g Fett schmelzen. Kirschen in einem Sieb gut abtropfen lassen. Quark, 300 g Zucker, 1 Päckchen Vanillin-Zucker, 6 Eier, Puddingpulver und Fett sorgfältig verrühren.

3. Eine Fettpfanne (ca. 32 x 39 cm) fetten. Ca. ¾ des Teiges in Blechgröße ausrollen und gleichmäßig in die Fettpfanne drücken. Kirschen, bis auf 25 Stück zum Verzieren, auf den Mürbeteig geben. Quarkmasse darauf streichen. Restlichen Teig in Stücke zupfen und auf der Masse verteilen.

4. Zupfkuchen im vorgeheizten Backofen (E-Herd: 175 °C / Umluft: 150 °C / Gas: Stufe 2) 50–60 Minuten backen. Auskühlen lassen und in ca. 25 Stücke schneiden. Jedes Stück mit einem Sahnetuff und einer Kirsche verzieren. Dann mit Kakao bestäuben.

Zubereitungszeit ca. 1½ Std.
Pro Stück ca. 370 kcal / 1550 kJ.
E 13 g, F 15 g, KH 44 g

Käsekuchen

Käsekuchen mit Früchten

Zutaten für ca. 24 Stücke:

- 300 g Mehl
- 2oo g kalte + 75 g weiche Butter/Margarine
- 100 g + 200 g Zucker
- 4 Eier (Gr. M)
- 500 g Kirschen
- 750 g Aprikosen
- 1 kg Magerquark
- abgeriebene Schale von 1 unbehandelten Zitrone
- 1 Päckchen Puddingpulver „Vanille“ (für ½ l Milch; zum Kochen)
- Fett für die Fettpfanne
- 1 EL Puderzucker

1. Mehl, 200 g Fett, 100 g Zucker und 1 Ei zügig zu einem glatten Mürbeteig verkneten. Zugedeckt ca. 30 Minuten kühl stellen.

2. Kirschen waschen und entsteinen. Aprikosen mit kochendem Wasser überbrühen und kalt abschrecken. Dann die Haut abziehen, Früchte halbieren und entsteinen.

3. 75 g Fett und 200 g Zucker cremig rühren. Übrige Eier nacheinander unterrühren. Quark, Zitronenschale und Puddingpulver unterrühren.

4. Teig auf der gefetteten Fettpfanne des Backofens (ca. 32 x 39 cm) ausrollen und gut an den Rand und in die Ecken drücken. Mit einer Gabel mehrmals einstechen. Im heißen Backofen (E-Herd: 200 °C / Umluft: 175 °C / Gas: Stufe 3) ca. 10 Minuten vorbacken.

5. Quark auf dem Mürbeteigboden verstreichen. Früchte darauf verteilen. Bei gleicher Temperatur weitere 35–40 Minuten backen. Den Kuchen herausnehmen und abkühlen lassen. Mit Puderzucker bestreuen und in Stücke schneiden.

Zubereitungszeit ca. 1½ Std.
Pro Stück ca. 260 kcal / 1090 kJ.
E 8 g, F 11 g, KH 30 g

Cremige Kirschküchlein

Zutaten für ca. 12 Stück:

- 500 g Sauerkirschen
- ¼ l Kirschsaft
- 2 Päckchen Soßenpulver „Vanille-Geschmack" (für je ¼ l Flüssigkeit)
- 20 g + 30 g Zucker
- 1 Packung (6 Scheiben; 450 g) TK-Blätterteig
- ¼ l Milch
- 175 g Mascarpone (italienischer Doppelrahm-Frischkäse) oder Doppelrahm-Frischkäse
- 1 TL Puderzucker
- nach Belieben Zitronenmelisse

1. Kirschen waschen, gut abtropfen lassen und entsteinen. 3 EL Kirschsaft, 1 Päckchen Soßenpulver und 20 g Zucker glatt rühren. Restlichen Kirschsaft aufkochen, angerührtes Soßenpulver einrühren und nochmals aufkochen. Kirschen unterheben und etwas abkühlen lassen.

2. Blätterteig auftauen lassen. 3 EL Milch, 30 g Zucker und 1 Päckchen Soßenpulver verrühren. Übrige Milch aufkochen, angerührtes Soßenpulver einrühren und nochmals unter Rühren aufkochen. Abkühlen lassen.

3. Mascarpone unter die Vanillesoße rühren. Teigplatten halbieren. Ecken zur Mitte hin einklappen und fest andrücken. Kirschkompott und Mascarponecreme darauf verteilen. Blätterteig-Küchlein auf ein kalt abgespültes Backblech setzen.

4. Im vorgeheizten Backofen (E-Herd: 200 °C / Umluft: 175 °C / Gas: Stufe 3) 18–20 Minuten backen. Auskühlen lassen. Vor dem Servieren mit Puderzucker bestäuben. Nach Belieben mit Zitronenmelisse verzieren.

Zubereitungszeit ca. 1¼ Std.
Pro Stück ca. 350 kcal / 1470 kJ.
E 9 g, F 13 g, KH 48 g

Aprikosen-Quark-Kuchen

Zutaten für ca. 24 Stücke:

- 600 g Mehl
- 375 g + 225 g weiche Butter/Margarine
- 300 g + 175 g Zucker
- ½ TL Zimt
- 1 Prise Salz
- Fett für die Fettpfanne
- 2 Dosen (à 850 ml) Aprikosenhälften
- 1 Päckchen Vanillin-Zucker
- abgeriebene Schale von 1 unbehandelten Zitrone
- 3 Eier (Gr. M)
- 500 g Magerquark
- 250 g Magermilch-Joghurt
- 1 Päckchen Puddingpulver „Vanille" (für ½ l Milch; zum Kochen)
- 2 EL Puderzucker zum Bestäuben

1. Das Mehl, 375 g Fett, 300 g Zucker, Zimt und Salz mit den Knethaken des Handrührgeräts zu Streuseln verarbeiten. Eine Fettpfanne (ca. 32 x 39 cm) ausfetten. Dann ⅔ des Teiges darin als Boden andrücken.

2. Aprikosen in einem Sieb gut abtropfen lassen und auf dem Boden verteilen. 225 g Fett, 175 g Zucker, Vanillin-Zucker und Zitronenschale hellcremig schlagen. Eier nach und nach unterrühren. Quark, Joghurt und Puddingpulver zufügen und alles gut verrühren. Quarkmasse auf die Aprikosen geben und glatt streichen.

3. Restliche Streusel auf dem Quark verteilen. Den Kuchen im vorgeheizten Backofen (E-Herd: 200 °C / Umluft: 175 °C / Gas: Stufe 3) ca. 50 Minuten backen. Auskühlen lassen. Kuchen vor dem Servieren mit Puderzucker bestäuben. Nach Belieben Schlagsahne dazureichen.

Zubereitungszeit ca. 1½ Std.
Pro Stück ca. 340 kcal / 1420 kJ.
E 6 g, F 17 g, KH 39 g

EXTRA-TIPP

Die Streusel werden besonders kross, wenn Sie die Krümelschicht unmittelbar nach dem Backen gleichmäßig mit ein wenig kaltem Wasser besprühen.

Quark-Schnitten mit Himbeeren

Zutaten für ca. 28 Stücke:

- 250 g + 50 g weiche Butter/Margarine
- 200 g + 50 g + 200 g + 50 g Zucker
- 2 Päckchen Vanillin-Zucker
- abgeriebene Schale von 2 unbehandelten Zitronen
- 1 Prise Salz, 11 Eier (Gr. M)
- 300 g Mehl, 3 TL Backpulver
- 2–4 EL Milch
- Fett für die Fettpfanne
- 1 ½ Päckchen Puddingpulver „Vanille“ (für je ½ l Milch; zum Kochen)
- 750 g Magerquark
- 3 Gläser (à 370 ml) Himbeeren, gezuckert
- 3 Päckchen roter Tortenguss
- Crème fraîche und gehackte Pistazien zum Verzieren
- Alufolie

1. 250 g Fett, 200 g Zucker, Vanillin-Zucker, ¼ der abgeriebenen Zitronenschale und Salz cremig rühren. Nacheinander 4 Eier unterrühren. Mehl und Backpulver mischen, abwechselnd mit der Milch unterrühren. Teig in eine gefettete Fettpfanne (ca. 32 x 39 cm) streichen.

2. 50 g Fett schmelzen. 7 Eier trennen. Eiweiß und 50 g Zucker steif schlagen. 200 g Zucker, Eigelb, Puddingpulver, Quark, flüssiges Fett und restliche Zitronenschale verrühren. Eischnee locker unterheben. Käse-Ei-Masse auf den Teig streichen. Kuchen im vorgeheizten Backofen (E-Herd: 175 °C/ Umluft: 150 °C / Gas: Stufe 2) etwa 40–45 Minuten backen. Anschließend auskühlen lassen. Evtl. eine ca. 6 cm hohe Schiene aus Alufolie um den Kuchen legen.

3. Die Himbeeren in einem Sieb gut abtropfen lassen, dabei den Saft auffangen. Saft mit Wasser auf 650 ml auffüllen. Mit Tortengusspulver und 50 g Zucker aufkochen. Früchte zufügen und auf den Quark streichen. Auskühlen und fest werden lassen. Kuchen in Stücke schneiden. Nach Belieben mit Crème fraîche und Pistazien verzieren.

Zubereitungszeit ca. 1¾ Std. (ohne Wartezeit). Pro Stück ca. 280 kcal / 1170 kJ. E 8 g, F 12 g, KH 34 g

Das schmeckt D

... und alle

Als Diabetiker müssen Sie auf die fröhliche Runde mit Kaffee und Kuchen nicht verzichten. Mit Süßstoff und Fruchtzucker können Sie mühelos Gebäck zaubern, das wie vom Konditor schmeckt

abetikern

nderen Kuchenfreunden

Pfirsich-Schnecken

Zutaten für 8 Stück:

- 240 g Pfirsiche oder Aprikosen (aus dem Glas; für Diabetiker geeignet)
- 125 g Magerquark
- 6 EL (60 ml) Milch
- 4 EL Öl
- 30 g + 24 g Fruchtzucker
- 1 Prise Salz
- evtl. Mark von ¼ Vanilleschote
- 220 g dunkles Weizenmehl (Type 1050)
- 2 EL (30 g) gemahlene Mandeln
- 1 TL Backpulver
- Mehl zum Ausrollen
- 1 Eiweiß + 1 Eigelb (Gr. M)
- 1 EL (10 ml) Milch
- 1–2 TL Zitronensaft
- Backpapier

1. Pfirsiche in einem Sieb abtropfen lassen und sehr fein würfeln.

2. Quark, Milch, Öl, 30 g Fruchtzucker, Salz und evtl. Vanillemark verrühren. Mehl, Mandeln und Backpulver mischen. Die Hälfte unter den Teig rühren, den Rest unterkneten. Quark-Öl-Teig auf wenig Mehl ca. 20 x 25 cm groß ausrollen.

3. Obst so auf dem Teig verteilen, dass an einer kurzen Seite ca. 4 cm frei bleiben. Freien Rand mit Eiweiß bestreichen. Von der gegenüberliegenden Seite her aufrollen. In 8 dicke Scheiben schneiden. Auf ein mit Backpapier ausgelegtes Blech legen. Im heißen Backofen (E-Herd: 200 °C / Umluft: 175 °C/ Gas: Stufe 3) 18–20 Minuten backen.

4. Eigelb und Milch glatt rühren. Schnecken damit ca. 5 Minuten vor Ende der Backzeit bestreichen. Danach auskühlen lassen.

5. Fruchtzucker mit Zitronensaft verrühren und die Schnecken damit bestreichen. Trocknen lassen.

Zubereitungszeit ca. 45 Min. (ohne Wartezeit). Pro Stück ca. 2¼ BE, 230 kcal / 960 kJ. E 7 g, F 9 g, KH 28 g (davon 6,5 g Fructose)

Windbeutel mit Orangencreme

Zutaten für 8 Stück:

- 25 g Butter/Margarine
- 1 Prise Salz
- 75 g Mehl
- 2 Eier (Gr. M)
- 1 TL Backpulver
- 200 g geschälte Orangen (ca. 2 Orangen à ca. 150 g)
- 100 g Schlagsahne
- 1 Päckchen Sahnefestiger
- 15 g Diabetiker-Süße
- 250 g Magerquark
- Backpapier

1. ⅛ l Wasser, Fett und Salz aufkochen. Mehl zugeben und so lange rühren, bis sich der Teig als Kloß vom Topfboden löst. Von der Herdplatte nehmen. Eier nacheinander unterrühren. Backpulver unterrühren.

2. Teig in einen Spritzbeutel mit Sterntülle füllen. 8 Rosetten auf ein mit Backpapier ausgelegtes Backblech spritzen. Im vorgeheizten Backofen (E-Herd: 200 °C / Umluft: 175 °C/ Gas: Stufe 3) 25–30 Minuten backen. Windbeutel aufschneiden.

3. Orangen in Stücke schneiden, Saft auffangen. Sahne, Sahnefestiger und 1 TL (5 g) Streusüße steif schlagen. Sahne, Saft und Quark verrühren. Die Creme in einen Spritzbeutel mit Sterntülle füllen, auf die Böden spritzen. Orangen darauf verteilen. Deckel darauf setzen. Mit restlicher Streusüße bestäuben.

Zubereitungszeit ca. 1 Std. (ohne Wartezeit). Pro Stück ca. 1 BE, 160 kcal / 670 kJ. E 7 g, F 8 g, KH 13 g (davon 2 g Fructose)

Vanille-Quark-Kuchen

Zutaten für 12 Stücke:

- 240 g dunkles Weizenmehl (Type 1050)
- 1 Eigelb + 3 Eier (Gr. M)
- 75 g stichfeste saure Sahne
- 125 g weiche Butter/Margarine
- 12 g Fruchtzucker
- abgeriebene Schale von 1 unbehandelten Zitrone
- Fett für die Fettpfanne
- 500 g Magerquark
- 1 Päckchen Soßenpulver „Vanille“ (für ½ l Milch; zum Kochen; mit Süßstoff; für Diabetiker geeignet)
- Salz
- Alufolie

1. Mehl, 1 Eigelb, Sahne, Fett, Fruchtzucker und Zitronenschale zu einem glatten Teig verkneten. Zugedeckt ca. 1 Stunde kalt stellen.

2. ⅔ des Teiges auf einer leicht gefetteten Fettpfanne zu einem Rechteck (ca. 20 x 40 cm) ausrollen. Offene Seite mit stabiler Schiene aus Alufolie begrenzen. Restlichen Teig zu einem Quadrat (ca. 20 x 20 cm) ausrollen. Mit einem Teigrädchen in schmale Streifen schneiden.

3. 3 Eier trennen. Quark, Eigelb und Soßenpulver glatt rühren. Eiweiß und 1 Prise Salz steif schlagen und unterheben.

4. Quarkmasse auf den Boden streichen. Teigstreifen gitterartig darauf legen. Im vorgeheizten Backofen (E-Herd: 200 °C / Umluft: 175 °C/ Gas: Stufe 3) 35–40 Minuten backen.

Zubereitungszeit ca. 1¼ Std. (ohne Wartezeit).
Pro Stück ca. 1¼ BE, 250 kcal / 1050 kJ.
E 9 g, F 16 g, KH 16 g
(davon 1 g Fructose)

EXTRA-TIPP

Dieser Kuchen lässt sich prima einfrieren. Am besten die Stücke einzeln verpacken. Vor dem Verzehr bei Raumtemperatur auftauen (Dauer: ca. 3 Stunden).

Pflaumen-Walnuss-Muffins

Zutaten für 8 Stück:

- 50 g Walnusskerne
- 170 g entsteinte Pflaumen ohne Saft (aus dem Glas; mit Süßstoff; für Diabetiker geeignet)
- 60 g weiche Butter/Margarine
- 24 g Fruchtzucker
- 1 Ei (Gr. M)
- 120 g Mehl
- 1 gestrichener TL Backpulver
- Salz
- 4–6 EL (60 ml) Milch
- 1 leicht gehäufter EL (25 g) Aprikosen-Konfitüre (für Diabetiker geeignet)
- 16–24 Papier-Backförmchen (ca. 5 cm Ø)

1. Walnüsse mit einem Messer grob hacken. Pflaumen mit Küchenpapier gut trockentupfen und in feine Würfel schneiden.

2. Fett und Fruchtzucker cremig rühren. Ei unterrühren. Mehl, Backpulver und 1 Prise Salz mischen und im Wechsel mit der Milch unter den Teig rühren. Pflaumen und die Hälfte der Walnüsse unter den Teig heben. Je 2–3 Papier-Backförmchen ineinander setzen und auf ein Backblech stellen.

3. Teig in die Papier-Backförmchen verteilen, sodass sie zu ⅔ gefüllt sind. Muffins im vorgeheizten Backofen (E-Herd: 200 °C / Umluft: 175 °C/ Gas: Stufe 3) 35–40 Minuten goldbraun backen. Muffins auskühlen lassen.

4. Die Küchlein mit der erwärmten Aprikosen-Konfitüre bestreichen. Mit übrigen Nüssen bestreuen.

Zubereitungszeit ca. 1 Std. (ohne Wartezeit).
Pro Stück ca. 1¼ BE, 190 kcal / 790 kJ.
E 4 g, F 11 g, KH 18 g
(davon 3,6 g Fructose)

Quarkküchlein mit Früchten

Zutaten für 8 Stück:

- 60 g + 30 g weiche Butter/Margarine
- 20 g + 10 g Diabetiker-Süße
- 2 Eier (Gr. M)
- etwas Zimt
- 75 g dunkles Weizenmehl (Type 1050)
- 1 gestr. TL Backpulver
- 2 EL (20 ml) Milch (1,5 % Fett)
- 125 g Magerquark
- ½ Päckchen (10 g) Soßenpulver „Vanille-Geschmack"; mit Süßstoff
- 25 g Aprikosen-Konfitüre (für Diabetiker geeignet)
- 100 g geputzte Früchte (z. B. Erdbeeren, Kiwi etc.)
- 16–24 Papier-Backförmchen (ca. 5 cm Ø)

1. 60 g Fett und 20 g Diabetiker-Süße cremig rühren. 1 Ei und Zimt unterrühren. Mehl und Backpulver mischen, darüber geben und Milch zufügen. Alles unterrühren. Jeweils 2–3 Papier-Backförmchen ineinander setzen. Den Teig einfüllen und glatt streichen.

2. 30 g Fett und 10 g Diabetiker-Süße cremig rühren. 1 Ei, Quark und Soßenpulver unterrühren. Auf den Rührteig streichen. Im vorgeheizten Backofen (E-Herd: 200 °C / Umluft: 175 °C / Gas: Stufe 3) ca. 30 Minuten backen. Auskühlen lassen.

3. Konfitüre erwärmen und durch ein Sieb streichen. Törtchen damit bestreichen. Mit Früchten verzieren.

Zubereitungszeit ca. 50 Min. (ohne Wartezeit).
Pro Stück ca. 1 BE, 180 kcal / 750 kJ.
E 5 g, F 11 g, KH 15 g
(davon 5,5 g Fructose)

Apfel-Blätterteig-Taler

Zutaten für 10 Stück:

- 300 g (5 Scheiben) TK-Blätterteig
- 400 g geputzte und geschälte Äpfel
- 1–2 EL Zitronensaft
- 30 g Aprikosen-Konfitüre (für Diabetiker geeignet)
- 1 EL (12 g) Diabetiker-Süße
- Backpapier

1. Blätterteigscheiben nebeneinander legen und auftauen lassen.

2. Die Äpfel in dünne Spalten schneiden und dann sofort mit Zitronensaft beträufeln.

3. Teigscheiben quer halbieren und einzeln zu Quadraten ausrollen. Jeweils die Ecken nach innen umklappen. Runde Böden formen. Auf ein mit Backpapier belegtes Blech legen.

4. Konfitüre erwärmen und durch ein Sieb streichen. Die Hälfte davon dünn auf die Blätterteigböden streichen. Mit Apfelspalten belegen.

5. Apfel-Taler im vorgeheizten Backofen (E-Herd: 200 °C / Umluft: 175 °C/ Gas: Stufe 3) 15–18 Minuten goldbraun backen.

6. Apfel-Taler mit restlicher Konfitüre bestreichen und auskühlen lassen. Mit Diabetiker-Süße bestreuen.

Zubereitungszeit ca. 40 Min. (ohne Wartezeit). Pro Stück ca. 1 ½ BE, 160 kcal / 670 kJ. E 2 g, F 8 g, KH 18 g, (davon 1,5 g Fructose)

Schoko-Gewürzkuchen

Zutaten für 24 Stücke:

- 100 g Vollmilch-Schokolade (für Diabetiker geeignet)
- 250 g weiche Butter oder Margarine
- 120 g + 12 g Fruchtzucker
- ½ Fläschchen Bittermandel-Aroma
- 1 Prise Salz
- 6 Eier (Gr. M)
- 360 g dunkles Weizenmehl (Type 1050)
- 1 Päckchen Backpulver
- 1 TL Pfefferkuchen-Gewürz
- 2–3 EL (ca. 15 g) Kakao
- Backpapier

1. Vollmilch-Schokolade mit einem Messer fein hacken. Weiches Fett, 120 g Fruchtzucker, Bittermandel-Aroma und Salz schaumig schlagen.

2. Eier nacheinander unter die Fett-Fruchtzucker-Masse rühren. Mehl, Backpulver und Pfefferkuchen-Gewürz mischen, darüber sieben und unterrühren. Zuletzt die gehackte Schokolade unterheben.

3. Teig auf ein mit Backpapier ausgelegtes Backblech (ca. 35 x 40 cm) streichen. Im vorgeheizten Backofen (E-Herd: 200 °C / Umluft: 175 °C/ Gas: Stufe 3) ca. 25 Minuten backen. Den Kuchen gut auskühlen lassen.

4. Auf den Schoko-Gewürzkuchen mit Hilfe einer Stern-Schablone oder eines Stern-Ausstechers zuerst mit Kakao, dann mit 12 g Fruchtzucker mehrere Sterne aufstäuben.

Zubereitungszeit ca. 45 Min.
(ohne Wartezeit).
Pro Stück ca. 1½ BE, 200 kcal / 840 kJ.
E 4 g, F 12 g, KH 18 g
(davon 7 g Fructose)

Aber bitte

Gefüllte Mokka-Baiser-Törtchen

Zutaten für ca. 6 Stück:

- 4 Eiweiß (Gr. M)
- 2 EL löslicher Kaffee (Typ Mokka)
- 1 EL Zitronensaft
- 1 Prise Salz
- 200 g Zucker
- 50 g Halbbitter-Kuvertüre
- 1 Dose (425 ml) Aprikosen
- 200 g Erdbeeren
- 200 g Schlagsahne
- 1 Päckchen Sahnefestiger
- 1 Päckchen Bourbon-Vanillezucker
- Kakao zum Bestäuben
- Backpapier

1. Eiweiß, Kaffeepulver, Zitronensaft und Salz in eine hohe Rührschüssel geben. Mit den Schneebesen des Handrührgerätes sehr steif schlagen. Zucker dabei nach und nach einrieseln lassen. So lange weiterschlagen, bis sich der Zucker ganz gelöst hat und die Masse glänzt.

2. Ein Backblech mit Backpapier auslegen. Baisermasse in einen Spritzbeutel mit Sterntülle füllen. In gleichmäßigem Abstand ca. 12 Rosetten (ca. 8 cm Ø) aufs Backpapier spritzen. Im vorgeheizten Backofen (E-Herd: 75 °C / Umluft: 50 °C / Gas: Stufe 1) etwa 3½–4 Stunden trocknen lassen. Den Gasherd dabei ca. alle 30 Minuten an- bzw. ausschalten.

3. Kuvertüre grob hacken und im heißen Wasserbad unter Rühren schmelzen lassen. Die Hälfte der Baisers mit der Kuvertüre bestreichen. Trocknen lassen.

4. Aprikosen auf Küchenpapier gut abtropfen lassen. Die Hälften in schmale Spalten schneiden. Erdbeeren waschen, putzen und je nach Größe halbieren oder vierteln. Die Früchte auf die mit Kuvertüre bestrichenen Baiserschälchen verteilen.

5. Sahne steif schlagen, dabei Sahnefestiger und Vanillezucker einrieseln lassen. In einen Spritzbeutel mit Sterntülle füllen und auf die Früchte spritzen. Jeweils mit einem zweiten Baiserschälchen abdecken. Vor dem Servieren mit Kakao bestäuben.

Zubereitungszeit ca. 4½ Std.
(ohne Wartezeit).
Pro Stück ca. 350 kcal / 1470 kJ.
E 4 g, F 13 g, KH 51 g

mit Sahne!

Lockere Schnitten und Teilchen mit zarter Füllung

Biskuit, Baiser und Brandteig mit sahniger Füllung – wer kann da schon widerstehen? Mal mit Früchten, mal mit Joghurt, mit Wein oder Saft, da findet jeder sein Lieblingstörtchen

Kirsch-Joghurt-Schnitten

Zutaten für ca. 16 Stücke:

- 125 g weiche Butter/Margarine
- 125 g + 2 EL (25 g) Zucker
- 3 Eier (Gr. M)
- 125 g Mehl
- 2 EL Kakao
- 2 gestrichene TL Backpulver
- ca. 5 EL Milch
- Fett und Paniermehl fürs Blech
- 1 Glas (720 ml) Kirschen
- 35 g Speisestärke
- etwas Zimt
- 200 g + 150 g Schlagsahne
- 1 Packung Tortencreme „Zitronen-Sahne" (für 950 ml Flüssigkeit)
- 400 g Vollmilch-Joghurt
- ca. 60 g Schokoladenraspel

1. Fett und 125 g Zucker cremig rühren. Eier einzeln unterrühren. Mehl, Kakao und Backpulver mischen, im Wechsel mit der Milch unterrühren. Teig auf ein gefettetes, mit Paniermehl bestreutes Backblech (ca. 35 x 40 cm) streichen. Im heißen Backofen (E-Herd: 200 °C / Umluft: 175 °C/ Gas: Stufe 3) ca. 12 Minuten backen. Den Boden auskühlen lassen und anschließend halbieren.

2. Kirschen in einem Sieb gut abtropfen lassen, dabei den Saft auffangen. Stärke und 3 EL Saft glatt rühren. Restlichen Saft, 2 EL Zucker und etwas Zimt aufkochen. Mit Stärke binden, nochmals aufkochen. Die Kirschen, bis auf 12 Stück zum Verzieren, unterheben. Auf eine Teighälfte geben, die zweite darauf legen.

3. 200 g Sahne steif schlagen. Tortencremepulver und 150 ml Wasser mit einem Schneebesen ca. ½ Minute gut verrühren. Joghurt unterrühren. Schlagsahne unterheben. Masse auf den Kuchen streichen und mind. 3 Stunden kalt stellen. 150 g Sahne steif schlagen. Kuchen in 16 Schnitten teilen. Mit Schokoraspeln, Sahnetuffs und Kirschen verzieren.

Zubereitungszeit ca. 1¾ Std.
Wartezeit ca. 4 Std.
Pro Stück ca. 340 kcal / 1420 kJ.
E 5 g, F 18 g, KH 38 g

Blätterteig mit Sahne & Erdbeeren

Zutaten für ca. 8 Stück:

- 1 Packung (450 g) tiefgefrorener Blätterteig
- Zucker zum Ausrollen
- 75 g Hagelzucker
- 200 g Erdbeeren
- 300 g Schlagsahne
- 1 Päckchen Vanillin-Zucker
- 2 Päckchen Sahnefestiger
- 100–125 g fertiger Sahnepudding „Vanille-Geschmack“ (kein Soft-Pudding)
- Backpapier

1. Blätterteigplatten nebeneinander auftauen lassen. Aufeinander legen und zum Quadrat (ca. 30 x 30 cm) von ca. 5 mm Dicke ausrollen. 16 Kreise (ca. 7 cm Ø) ausstechen. Jeden Kreis auf einer mit Zucker bestreuten Arbeitsfläche zu einem Oval von ca. 12 cm Länge ausrollen. Scheiben einmal wenden. Dann auf ein mit Backpapier ausgelegtes Backblech legen und 10 Minuten ruhen lassen.

2. Die Hälfte der Ovale mit etwas Wasser bepinseln und mit Hagelzucker bestreuen. Im vorgeheizten Backofen (E-Herd: 200 °C / Umluft: 175 °C / Gas: Stufe 3) 12–15 Minuten backen. Abkühlen lassen.

3. Erdbeeren waschen, putzen und in Scheiben schneiden. Sahne, Vanillin-Zucker und Sahnefestiger steif schlagen. Pudding unterrühren. In einen Spritzbeutel mit Sterntülle füllen und ⅔ davon auf die ungezuckerten Blätterteig-Ovale spritzen. Erdbeeren darauf verteilen, restliche Sahne darauf spritzen. 30 Minuten kalt stellen. Mit Hagelzucker-Ovalen abdecken.

Zubereitungszeit ca. 1 Std. (ohne Wartezeit). Pro Stück ca. 420 kcal / 1760 kJ. E 4 g, F 28 g, KH 36 g

EXTRA-TIPP

Teigreste nicht verkneten, sondern aufeinander legen und ausrollen, daraus kleine Blüten oder Herzen ausstechen und mitbacken. Nach Belieben mit rotem Zuckerguss bestreichen.

Weincreme-Sahne-Schnitten

Zutaten für ca. 12 Stück:

- 125 g + 25 g weiche Butter/Margarine
- 125 g + 100 g Zucker
- 1 Päckchen Vanillin-Zucker
- 1 Prise Salz
- 5 Eier (Gr. M)
- 150 g Mehl, 2 TL Backpulver
- 5 EL Milch
- 200 g Puderzucker
- 2 EL Speisestärke
- ⅛ l trockener Weißwein
- Saft von 2 Zitronen
- 400 g Schlagsahne
- 1 Packung (250 g) tiefgefrorene Himbeeren
- nach Belieben Sahne, Zitronenmelisse, gemahlene Pistazienkerne und Puderzucker zum Verzieren
- Backpapier

1. 125 g Fett cremig rühren. 125 g Zucker, Vanillin-Zucker und Salz unterrühren. 4 Eier trennen. Eigelb unter die Fett-Zucker-Masse rühren. Mehl und Backpulver mischen, darauf sieben, Milch zufügen und alles zu einem glatten Teig verrühren. Auf eine mit Backpapier ausgelegte Fettpfanne (ca. 32 x 39 cm) streichen.

2. Eiweiß steif schlagen, dabei den Puderzucker einrieseln lassen. Baisermasse auf den Rührteig streichen und im vorgeheizten Backofen (E-Herd: 175 °C / Umluft: 150 °C / Gas: Stufe 2) ca. 30 Minuten backen. Aus dem Ofen nehmen, auskühlen lassen.

3. Speisestärke und 5 EL Wasser glatt rühren. 25 g Fett, Wein, 100 g Zucker und Zitronensaft aufkochen. Speisestärke einrühren, nochmals aufkochen. Topf von der Kochstelle nehmen. Übriges Ei trennen. Eigelb verquirlen, unter die Creme rühren. Die Creme unter gelegentlichem Umrühren auskühlen lassen.

4. Sahne und restliches Eiweiß getrennt steif schlagen. Erst Sahne, dann Eischnee unter die Creme heben. Kuchen quer halbieren. Eine Hälfte in ca. 12 Stücke schneiden (Säge- oder Elektromesser). Gefrorene Himbeeren, bis auf 6 zum Verzieren, auf dem Boden verteilen. Weincreme darauf streichen. Einzelstücke sofort darauf setzen. Leicht andrücken und ca. 1 Stunde kalt stellen. Verzieren.

Zubereitungszeit ca. 1 Std. (ohne Wartezeit). Pro Stück ca. 450 kcal / 1890 kJ. E 6 g, F 24 g, KH 50 g

Keks-Kuchen mit Mandarinen-Sahne

Zutaten für ca. 36 Stücke:

- 6 Eier (Gr. M)
- 150 g Zucker
- 1 Päckchen Vanillin-Zucker
- 150 g Mehl
- 1 TL Backpulver
- Fett für die Fettpfanne
- 4 Dosen (à 314 ml) Mandarinen
- 2 Päckchen Puddingpulver „Vanille“ (für je ½ l Milch; zum Kochen)
- ½ l Orangensaft
- 1 kg Schlagsahne
- 2 EL Puderzucker
- 3 Päckchen Sahnefestiger
- 4 Packungen (à 125 g; mit je 9 Stück) Butterkekse mit Schokolade

1. Eier trennen. Eigelb und Zucker schaumig schlagen. Eiweiß steif schlagen, Vanillin-Zucker dabei einrieseln lassen. Mehl und Backpulver sieben. Mit Eischnee unter die Eigelb-Masse ziehen. Auf eine gefettete Fettpfanne (ca. 32 x 39 cm) streichen. Im vorgeheizten Backofen (E-Herd: 200 °C / Umluft: 175 °C/ Gas: Stufe 3) ca. 15 Minuten backen. Auskühlen lassen.

2. Mandarinen in einem Sieb gut abtropfen lassen, Saft dabei auffangen. ½ l davon abmessen. Mandarinen, bis auf ca. 36 Stück zum Verzieren, auf dem Kuchen verteilen.

3. Puddingpulver und 8 EL Mandarinensaft verrühren. Orangensaft und übrigen Mandarinensaft aufkochen. Angerührtes Puddingpulver einrühren und nochmals kurz aufkochen. Den Pudding sofort auf die Mandarinenschicht streichen und etwa 1 Stunde auskühlen lassen.

4. Sahne portionsweise steif schlagen, dabei Puderzucker und Sahnefestiger einrieseln lassen. ¾ der Sahne auf den Pudding streichen. Ca. 36 Kekse auf die Sahneschicht legen, dabei nach Belieben jeweils die Keks- oder die Schokoseite nach oben legen. Mit Rest Sahne und Mandarinen verzieren.

Zubereitungszeit ca. 1¼ Std.
Wartezeit 1–2 Std.
Pro Stück ca. 180 kcal / 750 kJ.
E 2 g, F 12 g, KH 15 g

Heidelbeer-Baiser-Schnitten

Zutaten für ca. 10 Stücke:

- 5 Eier (Gr. M)
- 125 g Butter/Margarine
- 75 g + 225 g Zucker
- 3 Päckchen Vanillin-Zucker
- abgeriebene Schale von 1 unbehandelten Zitrone
- 90 g Mehl, 90 g Speisestärke
- 1½ TL Backpulver
- Fett fürs Blech
- 1 Prise Salz
- 40 g Mandelblättchen
- 300 g TK-Heidelbeeren
- 4 Blatt Gelatine
- ⅛ l Orangensaft
- evtl. 2 EL Orangenlikör
- 400 g Schlagsahne

1. Eier trennen. Fett, 75 g Zucker und 1 Päckchen Vanillin-Zucker cremig rühren. Eigelb einzeln unterrühren. Zitronenschale ebenfalls unterrühren. Mehl, Stärke und Backpulver mischen und kurz unterrühren. Ein Backblech (ca. 35 x 40 cm) fetten. Teig mit einer bemehlten Teigrolle darauf ausrollen.

2. Für das Baiser Eiweiß, Salz und 225 g Zucker sehr steif schlagen, sodass ein Messerschnitt im Eischnee sichtbar bleibt. Baisermasse dann auf den Teig streichen.

3. Baisermasse mit Mandelblättchen bestreuen. Im vorgeheizten Backofen (E-Herd: 175 °C / Umluft: 150 °C/ Gas: Stufe 2) ca. 30 Minuten backen. Dann auskühlen lassen.

4. Heidelbeeren antauen lassen. Gelatine in kaltem Wasser einweichen. Orangensaft kurz erhitzen. Mit 2 Päckchen Vanillin-Zucker und evtl. Likör abschmecken. Ausgedrückte Gelatine darin auflösen. Saft 20–30 Minuten kühlen, bis er halb fest ist.

5. Sahne steif schlagen. Etwas davon unter die Gelatine ziehen und diese dann unter die übrige Sahne heben. Heidelbeeren ebenfalls locker unterheben. Kuchen halbieren. Eine Hälfte für oben in 10 rechteckige Stücke schneiden. Andere Hälfte gleichmäßig mit der Heidelbeer-Sahne bestreichen. Die vorgeteilten Stücke darauf legen, ca. 2 Stunden kalt stellen. Kuchen in 10 Schnitten schneiden.

Zubereitungszeit ca. 1¼ Std.
Wartezeit ca. 3 Std.
Pro Stück ca. 510 kcal / 2140 kJ.
E 8 g, F 28 g, KH 52 g

Schoko-Mint-Sahnetorte

Zutaten für ca. 8 Stücke:

- 300 g + 200 g Schlagsahne
- 1 Packung (200 g) Schoko-Minztäfelchen
- 3 Eier (Gr. M)
- 100 g Zucker, 1 Prise Salz
- 60 g Mehl, 60 g Speisestärke
- 1 TL Backpulver
- 2 Schoko-Osterhasen, Kakao und evtl. Minzblättchen zum Verzieren
- Backpapier

1. 300 g Sahne erwärmen. Minztäfelchen, bis auf einige zum Verzieren, darin unter Rühren schmelzen und kurz aufkochen. Über Nacht zugedeckt gut durchkühlen lassen.

2. Eier trennen. Eiweiß und 3 EL kaltes Wasser steif schlagen. Zucker und Salz dabei einrieseln lassen. Eigelb einzeln darunter schlagen. Mehl, Stärke und Backpulver mischen, darüber sieben und unterheben.

3. Biskuitmasse auf ein mit Backpapier ausgelegtes Blech (ca. 35 x 40 cm) streichen und im vorgeheizten Backofen (E-Herd: 200 °C / Umluft: 175 °C/ Gas: Stufe 3) 10–12 Minuten backen. Auf ein Geschirrtuch stürzen und das Papier abziehen. Auskühlen lassen.

4. Mint-Sahne und 200 g Sahne getrennt steif schlagen. Vom Biskuit längs ein Drittel abschneiden. Beide Stücke quer halbieren, sodass insgesamt 4 Stücke entstehen. Ein großes Teigstück mit der Hälfte der Mint-Sahne (2 EL beiseite stellen) bestreichen. Die beiden kleineren Stücke darauf legen. Rest Mint-Sahne auf die Torte streichen und mit dem übrigen Teigstück belegen.

5. Hälfte der Sahne mit 2 EL Mint-Sahne verrühren. Tortenoberfläche wellenartig damit bestreichen. Übrige Sahne in einen Spritzbeutel mit großer Sterntülle füllen. 2 große Tuffs auf die Torte spritzen. Osterhasen daransetzen. Torte mit Kakao, Minztäfelchen und Minze verzieren.

Zubereitungszeit ca. 1 Std.
Wartezeit ca. 12 Std.
Pro Stück ca. 480 kcal / 2010 kJ.
E 5 g, F 26 g, KH 53 g

Erdbeer-Käse-Sahneringe

Zutaten für ca. 8 Stück:

- 50 g Butter/Margarine
- 1 Prise Salz
- 125 g Mehl
- 3 Eier (Gr. M)
- 7 Blatt Gelatine
- 350 g Erdbeeren
- 1 EL Zitronensaft
- 250 g Magerquark
- 90 g Zucker
- 1 Päckchen Bourbon-Vanillezucker
- 75 g frische Heidelbeeren
- 200 g Schlagsahne
- 1–2 TL Puderzucker
- evtl. Melisse zum Verzieren
- Backpapier
- 8 Tortelett-Manschetten

1. ⅛ l Wasser, Butter und Salz aufkochen. Mehl auf einmal zufügen. Mit einem Kochlöffel rühren, bis sich ein Kloß und am Topfboden eine weiße Haut bildet. In eine Schüssel geben und 10–15 Minuten abkühlen lassen.

2. Backofen (E-Herd: 225 °C / Umluft: 200 °C / Gas: Stufe 4) vorheizen. Eine ofenfeste Form mit heißem Wasser auf den untersten Gitterrost schieben. Eier nacheinander mit dem Kochlöffel unter den Brandteig rühren. (Jedes Ei muss sich vollständig mit der Masse verbunden haben, bevor das nächste zugegeben wird.) In einen Spritzbeutel mit großer Sterntülle geben. Ca. 8 Ringe (6–7 cm Ø) auf ein mit Backpapier ausgelegtes Blech spritzen, 25–30 Minuten backen. Ringe 2–3 Minuten ruhen lassen, dann waagerecht durchschneiden. Auskühlen lassen.

3. Gelatine kalt einweichen. Erdbeeren waschen und putzen. 250 g und Zitronensaft mit einem Schneidstab pürieren. Quark, Zucker und Vanillezucker glatt rühren. Gelatine ausdrücken und auflösen. Püree unterrühren. Alles unter die Quarkmasse ziehen. 10–15 Minuten kühl stellen.

4. Heidelbeeren verlesen, waschen, abtropfen lassen. Rest Erdbeeren in Spalten schneiden. Sahne steif schlagen, unter den leicht angelierten Quark heben. Creme auf die unteren Ringe spritzen. Mit Früchten belegen, obere Teigringe darauf drücken. 1–2 Stunden kühlen. Dann verzieren.

Zubereitungszeit ca. 1½ Std. (ohne Wartezeit).
Pro Stück ca. 310 kcal / 1300 kJ.
E 11 g, F 16 g, KH 29 g

Erdbeer-Ingwer-Ecken

Zutaten für ca. 8 Stück:

- 125 g weiche Butter/Margarine
- 75 g + 2 EL Zucker, 3 Eier (Gr. M)
- 150 g Mehl, 2 gestr. TL Backpulver
- 4–5 EL Milch
- Schale von 1 unbehandelten Zitrone
- Fett fürs Blech
- 5 Blatt weiße Gelatine
- 500 g Erdbeeren
- 50 g kandierter Ingwer
- 125 g + 125 g Schlagsahne
- 500 g Schmand oder Crème fraîche
- 1 Päckchen Vanillin-Zucker
- 2 EL Puderzucker
- evtl. einige Minzeblättchen
- Alufolie

1. Fett und 75 g Zucker cremig rühren. Eier nach und nach unterrühren. Mehl und Backpulver mischen, esslöffelweise zufügen. Milch und Zitronenschale unter den Teig rühren. Teig auf eine Hälfte eines gefetteten Backblechs (ca. 35 x 40 cm) geben, glatt streichen. Aus Alufolie eine Schiene falten und als Begrenzung an den Teig schieben. Im heißen Backofen (E-Herd: 200 °C/ Umluft: 175 °C/ Gas: Stufe 3) ca. 20 Minuten backen. Abkühlen lassen.

2. Gelatine kalt einweichen. Erdbeeren waschen, putzen und abtropfen lassen. Einige zumVerzieren zurückbehalten, Rest klein schneiden. Ingwer fein hacken. 125 g Sahne steif schlagen. Schmand, 2 EL Zucker und Vanillin-Zucker verrühren. Gelatine audrücken, bei schwacher Hitze auflösen. Unter den Schmand rühren. Erdbeeren, Ingwer und Sahne unterheben. Im Kühlschrank halb fest werden lassen.

3. Rührteigboden quer halbieren. Ränder glatt schneiden. Eine Teighälfte mit der Füllung bestreichen, zweite darauf setzen und etwas andrücken. Rand glatt streichen. Kuchen im Kühlschrank ca. 2 Stunden durchkühlen lassen. In Stücke schneiden. Rest Sahne steif schlagen. Torte mit Puderzucker bestäuben. Mit Sahnetuffs, Erdbeeren und evtl. Minzblättchen verzieren.

Zubereitungszeit ca. 50 Min. (ohne Wartezeit).
Pro Stück ca. 560 kcal / 2350 kJ.
E 9 g, F 38 g, KH 42 g

Omeletts mit Zitronen-Sahne

Zutaten für ca. 8 Stück:

- 4 Eier (Gr. M)
- 100 g Zucker
- 1 Päckchen Vanillin-Zucker
- Salz
- 80 g Mehl
- 2 leicht gehäufte EL (à 10 g) Speisestärke
- 75 g Zartbitter-Schokolade
- 1 EL Puderzucker
- 400 g Schlagsahne
- 1 Päckchen Sahnefestiger
- 1 Päckchen Vanillin-Zucker
- ½ Päckchen unbehandelte Zitronenschale (gibt's gerieben zu kaufen)
- nach Belieben Zitronenecken und Zitronenmelisse zum Verzieren
- kleiner Gefrierbeutel
- Backpapier, Alufolie

1. Nach Belieben gleich 2 Backbleche mit Backpapier auslegen und jeweils 4 Kreise (à ca. 12 cm Ø) aufzeichnen.

2. 2 Eier trennen. Eiweiß steif schlagen, dabei 50 g Zucker, ½ Päckchen Vanillin-Zucker und 1 Prise Salz einrieseln lassen. Eigelb darunter schlagen. 40 g Mehl und 1 EL Stärke mischen, darüber sieben, unterheben. Biskuit gleichmäßig auf 4 der Kreise verteilen. Im vorgeheizten Backofen (E-Herd: 200 °C / Umluft: 175 °C/ Gas: Stufe 3) 8–10 Minuten backen.

3. Sofort Backpapier von den Omeletts abziehen. Omeletts umklappen, dabei kleine Rollen aus Alufolie dazwischenlegen. Auskühlen lassen.

4. Die übrigen Teigzutaten wie zuvor beschrieben verarbeiten und daraus 4 weitere Omeletts backen. Ebenfalls auskühlen lassen.

5. Schokolade hacken und im heißen Wasserbad schmelzen. In einen kleinen Gefrierbeutel füllen und eine kleine Ecke abschneiden. Omeletts mit Puderzucker bestäuben und mit Schokostreifen verzieren. Trocknen lassen.

6. Sahne steif schlagen, dabei Sahnefestiger und Vanillin-Zucker einrieseln lassen. Zitronenschale unterziehen. Zitronensahne in einen Spritzbeutel mit Sterntülle füllen. In die Omeletts spritzen. Evtl. mit Zitrone und Melisse verzieren.

Zubereitungszeit ca. 1 Std. (ohne Wartezeit).
Pro Stück ca. 370 kcal / 1550 kJ.
E 7 g, F 22 g, KH 33 g

Zum Dahinschm

Schokolade ist gut für die Nerven. Nach einer hektischen arbeitsreichen Woche sind diese Kuchen daher dann genau das Richtige. Also, entspannt genießen und dabei die Seele baumeln lassen!

…lzen gut

…Blechkuchen von ihrer Schokoladenseite

Saftiger Mooskuchen

Zutaten für ca. 30 Stücke:

- 375 g weiche Butter/Margarine
- 300 g Zucker
- 1 Prise Salz
- 6 Eier (Gr. M)
- 250 ml flüssige saure Sahne
- 300 g Mehl
- 50 g Kakao
- 1 TL Haus-Natron
- Fett fürs Blech
- 375 g Kokosfett
- 125 g Puderzucker
- 1–2 EL gemahlener Kaffee
- evtl. Zucker-Dekor-Blüten und Marienkäfer

1. Für den Schoko-Rührteig Fett, Zucker und Salz cremig rühren. Eier trennen. Eigelb und saure Sahne nach und nach unterrühren. Mehl, Kakao und Natron mischen, portionsweise darüber sieben und unter den Teig rühren.

2. Ein Backblech (ca. 35 x 40 cm) fetten. Rührteig darauf streichen und im vorgeheizten Backofen (E-Herd: 175 °C / Umluft: 150 °C / Gas: Stufe 2) 25–30 Minuten backen.

3. Kuchen aus dem Ofen nehmen und vollständig auskühlen lassen. Das Kokosfett schmelzen und dann wieder etwas abkühlen lassen.

4. Eiweiß und Puderzucker steif schlagen. Das lauwarme flüssige Kokosfett portionsweise sorgfältig unterheben. Die Masse auf den Boden streichen. Kaffee in ein Sieb geben. Den Kuchen dünn und gleichmäßig damit bestäuben. Gebäck am besten über Nacht kühl stellen. Dabei färbt sich das Kaffeepulver und sorgt für die „Moosfläche". Evtl. mit Zucker-Blüten und Schoko-Marienkäfern in Stanniolpapier verzieren.

Zubereitungszeit ca. 1 Std. (ohne Wartezeit). Pro Stück ca. 340 kcal / 1420 kJ. E 3 g, F 26 g, KH 22 g

EXTRA-TIPP

Das fett- und stärkehaltige Kakaopulver klumpt leicht. Daher sollte man es für die Teigherstellung möglichst durchsieben.

Schoko-Quark-Schnitten mit Birnen

Zutaten für ca. 20 Stücke:

- 1,25 kg mittelgroße Birnen
- Schale und Saft von 1 unbehandelten Zitrone
- 125 g weiche Butter/Margarine
- 75 g + 125 g Zucker
- 1 Päckchen Vanillin-Zucker
- 1 Prise Salz
- 8 Eier (Gr. M)
- 90 g Mehl
- 90 g Speisestärke
- 1½ TL Backpulver
- 2 EL Kakao
- Fett für die Fettpfanne
- 100 g Rosinen
- 125 g Schlagsahne
- 1 kg Magerquark
- 1½ Päckchen Puddingpulver „Vanille" (für je ½ l Milch; zum Kochen)
- 2–3 EL (75 g) Aprikosen-Konfitüre

1. Birnen schälen, halbieren und Kerngehäuse entfernen. Die Wölbung mehrmals längs einschneiden und mit Zitronensaft beträufeln.

2. Fett, 75 g Zucker, Vanillin-Zucker und Salz cremig rühren. 4 Eier einzeln unterrühren. Mehl, Stärke, Backpulver und Kakao mischen, portionsweise darüber sieben und unterrühren. Den Teig in eine gefettete Fettpfanne (ca. 32 x 39 cm) streichen.

3. Rosinen waschen und trockentupfen. 4 Eier trennen. Eigelb, 125 g Zucker, Zitronenschale, Sahne und Quark verrühren. Puddingpulver und Rosinen unterziehen. Eiweiß steif schlagen und unterheben.

4. Quarkmasse auf den Teig streichen und mit Birnen belegen. Im heißen Backofen (E-Herd: 200 °C / Umluft: 175 °C / Gas: Stufe 3) 45–55 Minuten backen. Konfitüre erwärmen, evtl. durch ein Sieb streichen und die Birnen damit bestreichen.

Zubereitungszeit ca. 1½ Std.
Pro Stück ca. 280 kcal / 1170 kJ.
E 11 g, F 10 g, KH 35 g

Donauwellen mit Mohn & Pfirsich

Zutaten für ca. 24 Stücke:

- 3 Dosen (à 850 ml) Pfirsiche
- 250 g + 150 g weiche Butter/Margarine
- 200 g + 100 g Zucker
- 1 Päckchen Vanillin-Zucker
- 5 Eier (Gr. M), 350 g Mehl
- 1 Päckchen Backpulver
- 1 Päckchen (250 g) Mohn-back (backfertige Mohnfüllung)
- 1 Päckchen Puddingpulver „Vanille" (für ½ l Milch; zum Kochen)
- ½ l Milch, 500 g Magerquark
- je 150 g Halbbitter- und Vollmilch-Kuvertüre
- 75 g Kokosfett, 250 g Schlagsahne

1. Pfirsiche abtropfen. 250 g Fett, 200 g Zucker und Vanillin-Zucker cremig rühren. Eier einzeln unterrühren. Mehl und Backpulver mischen, unterrühren.

2. Hälfte Teig auf eine gefettete Fettpfanne (ca. 32 x 39 cm) streichen. Rest Teig und Mohn-back verrühren, darauf streichen. Pfirsiche, bis auf 3, mit der Wölbung nach oben darauf verteilen. Im heißen Backofen (E-Herd: 175 °C / Umluft: 150 °C / Gas: Stufe 2) 35–40 Minuten backen. Auskühlen.

3. Puddingpulver, 100 g Zucker und 8 EL Milch verrühren. Rest Milch aufkochen. Angerührtes Puddingpulver einrühren und nochmals kurz aufkochen. Auskühlen lassen.

4. Quark unter den Pudding rühren. 150 g Butter cremig schlagen. Pudding esslöffelweise unterrühren. Auf den Kuchen streichen. Ca. 2 Stunden kalt stellen.

5. Kuvertüre grob hacken. Mit Kokosfett im heißen Wasserbad schmelzen. Lauwarm auf die Buttercreme streichen. Mit einem Tortenkamm wellenförmig verzieren. Trocknen lassen.

6. Rest Pfirsiche in Spalten schneiden. Sahne steif schlagen. Kuchen in ca. 24 Stücke schneiden, mit Sahne und Pfirsichspalten verzieren.

Zubereitungszeit ca. 1½ Std.
Wartezeit ca. 4 Std.
Pro Stück ca. 490 kcal / 2050 kJ.
E 7 g, F 28 g, KH 48 g

Schoko-Kuchen

Baileys-Kuchen mit Backpflaumen

Zutaten für ca. 18 Stücke:

- 150 g halbweiche getrocknete Pflaumen (ohne Stein)
- 5 Eier (Gr. M)
- 200 g Zucker
- 1 Päckchen Vanillin-Zucker
- ¼ l Whiskey-Sahne-Likör (z. B. Baileys)
- ¼ l Öl
- 300 g Mehl
- 1 Päckchen Backpulver
- Fett und Paniermehl fürs Blech
- 1½ EL Kakao
- 1 TL Puderzucker

1. Trockenpflaumen in Streifen schneiden. Eier, Zucker und Vanillin-Zucker mit den Schneebesen des Handrührgerätes schaumig schlagen. Whiskey-Sahne-Likör und Öl unter Rühren nacheinander zugießen. Mehl und Backpulver mischen, auf die Fett-Schaummasse sieben und kurz unterrühren.

2. ⅔ des Teiges auf ein gefettetes, mit Paniermehl ausgestreutes Backblech (ca. 35 x 40 cm) streichen. Kakao auf den restlichen Teig sieben und unterrühren. Schokoteig in breiten Streifen auf den hellen Teig gießen. Pflaumenstücke auf die dunklen Teigstreifen legen.

3. Kuchen im vorgeheizten Backofen (E-Herd: 200 °C / Umluft: 175 °C/ Gas: Stufe 3) ca. 20 Minuten backen. Kuchen auskühlen lassen und in ca. 18 Stücke schneiden. Auf einer Platte anrichten und mit Puderzucker bestäuben. Nach Belieben mit Schlagsahne servieren.

Zubereitungszeit ca. 40 Min. (ohne Wartezeit). Pro Stück ca. 380 kcal / 1590 kJ. E 6 g, F 19 g, KH 37 g

Schoko-Kuchen mit Mokkasahne

Zutaten für ca. 32 Stücke:

- 100 g Zartbitter-Schokolade
- 300 g weiche Butter/Margarine
- 250 g Zucker
- 4 Eier (Gr. M)
- 50 g gehackte Haselnüsse
- 500 g Mehl
- 75 g Kakao
- 1 Päckchen Backpulver
- ¼ l Milch
- Fett für die Fettpfanne
- 600 g Schlagsahne
- 5 EL löslicher Kaffee
- 2 EL Kakao
- Schoko-Mokkabohnen

1. Gekühlte Schokolade hacken. Fett und Zucker, bis auf 3 EL (45 g), cremig rühren. Eier nacheinander unterrühren. Schokolade, Nüsse, Mehl, Kakao und Backpulver mischen. Im Wechsel mit der Milch unterrühren, bis der Teig schwer reißend vom Löffel fällt.

2. Eine Fettpfanne (ca. 32 x 39 cm) gut fetten. Teig darauf glatt streichen. Im vorgeheizten Backofen (E-Herd: 175 °C / Umluft: 150 °C / Gas: Stufe 2) ca. 25 Minuten backen. Anschließend auskühlen lassen.

3. 400 g Schlagsahne und 3 EL Zucker steif schlagen, Kaffeepulver einrieseln lassen. Mokkasahne auf den Kuchen streichen und gleichmäßig dünn mit Kakao bestäuben.

4. 200 g Sahne steif schlagen und in einen Spritzbeutel mit Sterntülle füllen. Kuchen in ca. 32 Stücke teilen. Jedes Stück mit einem Sahnetuff und einer Mokkabohne verzieren.

Zubereitungszeit ca. 1 Std. (ohne Wartezeit).
Pro Stück ca. 270 kcal / 1130 kJ.
E 4 g, F 17 g, KH 24 g

EXTRA-TIPP

Mokkabohnen und andere Dekore aus Schokolade möglichst kühl (nicht in der Nähe vom Herd) und trocken aufbewahren. Bei unsachgemäßer Lagerung kann sich ein unschöner grauer Belag bilden.

Nougat-Biskuit-Röllchen

Zutaten für ca. 8 Stück:

- 3 Eier (Gr. M)
- 1 Prise Salz
- 120 g + ca. 2 EL Zucker
- 1 Päckchen Vanillin-Zucker
- 50 g Mehl
- 50 g Speisestärke
- ½ TL Backpulver
- 250 g Nuss-Nougat-Creme
- je ca. 2 EL Puderzucker und Kakao
- Backpapier

1. Eier trennen. Eiweiß, 3 EL kaltes Wasser und Salz steif schlagen. 120 g Zucker und Vanillin-Zucker unter Schlagen einrieseln lassen. Eigelb unterziehen. Mehl, Stärke und Backpulver mischen, auf die Eimasse sieben und unterheben.

2. Biskuit auf ein mit Backpapier ausgelegtes Backblech (ca. 35 x 40 cm) streichen und im vorgeheizten

Backofen (E-Herd: 200 °C / Umluft: 175 °C / Gas: Stufe 3) 12–15 Minuten backen. Auf ein mit Zucker bestreutes Geschirrtuch stürzen und Backpapier vorsichtig abziehen. Teigplatte mitsamt Tuch aufrollen, abkühlen lassen.

3. Biskuit entrollen und längs halbieren. Beide Streifen mit Nuss-Nougat-Creme (je nach Konsistenz evtl. vorher etwas erwärmen) bestreichen. Jeweils von der Längsseite her aufrollen und in je ca. 4 Stücke schneiden. Röllchen je zur Hälfte mit Puderzucker und Kakao bestäuben, dafür evtl. eine gezackte Teigkarte oder selbst gemachte Schablone verwenden.

Zubereitungszeit ca. 45 Min. (ohne Wartezeit).
Pro Stück ca. 320 kcal / 1340 kJ.
E 6 g, F 12 g, KH 46 g

Schoko-Walnuss-Happen

Zutaten für ca. 60 Stücke:

- 250 g Walnusskerne
- 500 g Zartbitter-Schokolade
- 250 g Butter
- 7 Eier (Gr. M)
- 500 g Zucker
- 2 Päckchen Vanillin-Zucker
- 1 Prise Salz, 300 g Mehl
- ½ Päckchen Backpulver
- Fett für die Fettpfanne
- 200 g Schlagsahne
- 2 Würfel (50 g) weißes Plattenfett
- evtl. gehackte Pistazien zum Verzieren

1. Walnüsse grob hacken. 300 g Schokolade grob zerkleinern und mit Butter im heißen Wasserbad schmelzen. Abkühlen lassen.

2. Eier, Zucker, Vanillin-Zucker und Salz schaumig schlagen. Mehl und Backpulver mischen, darauf sieben und unterziehen. Geschmolzene Schokolade und Walnüsse unterheben.

3. Teig in eine gefettete Fettpfanne (ca. 32 x 39 cm) streichen und im vorgeheizten Backofen (E-Herd: 175 °C/ Umluft: 150 °C / Gas: Stufe 2) ca. 30 Minuten backen. Auskühlen lassen.

4. 200 g Schokolade in Stücke brechen. Mit Sahne und Plattenfett unter Rühren bei milder Hitze schmelzen. Ca. 15 Minuten abkühlen lassen. Auf den Kuchen streichen. Mit Pistazien bestreuen, Kuchen vierteln. Ca. 2 Stunden kalt stellen. In ca. 60 Stücke (ca. 4 x 5 cm) schneiden. Dazu schmecken Vanille-Eis und fertige Schokoladen-Soße.

Zubereitungszeit ca. 1¼ Std.
Wartezeit ca. 3 Std.
Pro Stück ca. 200 kcal / 840 kJ.
E 3 g, F 12 g, KH 18 g

EXTRA-TIPP

Die saftigen kleinen Schokoladen-Kuchen schmecken nicht nur zum Nachmittagskaffee, sondern auch als üppiges Dessert zum Abschluss eines leichten Menüs.

Knusprig

Streuselkuchen mit Pflaumenmus

Zutaten für ca. 25 Stücke:

Für die Streusel:

- 250 g Mehl
- 100 g Zucker
- 1 Prise Salz
- 1 Päckchen Vanillin-Zucker
- 150 g kalte Butter/Margarine
- 1 Eigelb (Gr. M)

Für Rührteig und Belag:

- 200 g weiche Butter/Margarine
- 120 g Zucker
- 2 Eier (Gr. M)
- 300 g Mehl, 1 Prise Salz
- 2 gestr. TL Backpulver
- 2–3 EL Milch
- Fett fürs Blech
- 2 Gläser (à 450 g) Pflaumenmus
- 50 g gehobelte Mandeln

1. Für die Streusel Mehl, Zucker, Salz und Vanillin-Zucker mischen. Fett in Würfeln und Eigelb zugeben. Alles verkneten und mit den Händen zu Streuseln verarbeiten. Ca. 30 Minuten kalt stellen.

2. Für den Rührteig Fett und Zucker cremig rühren. Eier nach und nach unterrühren. Mehl, Salz und Backpulver mischen und abwechselnd mit der Milch portionsweise kurz unter den Teig rühren.

3. Backblech (ca. 35 x 40 cm) fetten. Teig am besten mit einer feuchten Teigkarte darauf verstreichen. Das Pflaumenmus darauf streichen, und die Streusel gleichmäßig auf dem Pflaumenmus verteilen.

4. Im vorgeheizten Backofen (E-Herd: 200 °C / Umluft: 175 °C / Gas: Stufe 3) 30–40 Minuten backen. Mandeln nach ca. 15 Minuten Backzeit darüber streuen, weiterbacken. Kuchen auskühlen lassen.

Zubereitungszeit ca. 1¼ Std.
Pro Stück ca. 320 kcal / 1340 kJ.
E 4 g, F 14 g, KH 43 g

gedeckt

... mit Streuseln, Kokos oder Karamell-Mandeln

Da bleibt so schnell kein Krümel übrig, denn kleine Naschkatzen nutzen bestimmt jede Chance, sich ein paar süße Brösel zu stibitzen. Auch die Großen nehmen von diesen Kuchen-Hits gern ein Stück mehr

Aprikosen-Kuchen mit Mandelkruste

Zutaten für ca. 24 Stücke:

- 500 g Mehl
- 1 Messerspitze Backpulver
- 300 g + 100 g kalte Butter/Margarine
- 125 g + 150 g Zucker
- 1 Päckchen Bourbon-Vanille-Zucker
- 1 Prise Salz
- 1 Ei (Gr. M)
- 3 Dosen (à 850 ml) Aprikosenhälften
- Fett fürs Backblech
- 2 EL Honig
- 200 g Mandelblättchen
- 5 EL Milch

1. Mehl, Backpulver, 300 g Fett in Stückchen, 125 g Zucker, Vanille-Zucker, Salz, Ei und 3–4 EL kaltes Wasser erst mit den Knethaken des elektrischen Handrührgerätes, dann mit den Händen zu einem glatten Teig verkneten. Zugedeckt ca. 30 Minuten kalt stellen.

2. Aprikosen in einem Sieb abtropfen lassen. Mürbeteig auf einem gefetteten Backblech (ca. 35 x 40 cm) ausrollen und mit einer Gabel mehrmals einstechen. Aprikosen mit der Wölbung nach unten dicht an dicht auf dem Boden verteilen.

3. 100 g Fett, 150 g Zucker und Honig in einem Topf schmelzen. Mandeln unterrühren und etwas bräunen. Zuletzt die Milch unterrühren.

4. Mandelkrokant auf den Aprikosen verteilen. Den Kuchen im heißen Backofen (E-Herd: 200 °C / Umluft: 175 °C / Gas: Stufe 3) auf der untersten Schiene 45–55 Minuten backen. Auskühlen lassen und in ca. 24 Stücke schneiden. Dazu passt Schlagsahne.

**Zubereitungszeit ca. 1¾ Std. (ohne Wartezeit).
Pro Stück ca. 350 kcal / 1470 kJ.
E 5 g, F 19 g, KH 38 g**

„Sägespäne"-Kuchen

Zutaten für ca. 24 Stücke:

- 200 g weiche Margarine
- 250 g + 2 EL + 100 g Zucker
- 4 frische Eier (Gr. M)
- 300 g Mehl
- 3–4 EL (30 g) Kakao
- 1 gestrichener TL Natron
- 200 g flüssige saure Sahne
- Fett und Paniermehl fürs Blech
- ¼ l Milch
- 1 Päckchen Puddingpulver „Vanille" (für ½ l Milch; zum Kochen)
- 250 g weiche + 100 g Butter
- 2–3 EL Puderzucker
- 200 g Kokosraspel

1. Fett und 250 g Zucker cremig rühren. 3 Eier nach und nach unterrühren. Mehl, Kakao und Natron mischen und abwechselnd mit der Sahne unterrühren.

2. Den Rührteig auf ein gefettetes, mit Paniermehl bestreutes Backblech (ca. 35 x 40 cm) streichen. Im vorgeheizten Backofen (E-Herd: 200 °C / Umluft: 175 °C / Gas: Stufe 3) 15–20 Minuten backen. Auskühlen lassen.

3. Für die Buttercreme 2 EL Milch, 2 EL Zucker und Puddingpulver glatt rühren. Übrige Milch aufkochen. Angerührtes Puddingpulver einrühren, nochmals aufkochen. Auskühlen lassen, dabei öfter umrühren, damit sich keine Haut bildet.

4. 250 g Butter und Puderzucker verrühren. Lauwarmen Pudding löffelweise glatt unterrühren. Buttercreme auf den Boden streichen.

5. 100 g Butter schmelzen. Kokosraspel und 100 g Zucker darin unter Rühren goldgelb rösten. Vom Herd nehmen und abkühlen lassen. 1 Ei gut untermischen und das Ganze als „Sägespäne" auf der Creme verteilen. Vor dem Servieren in ca. 24 Stücke schneiden.

Zubereitungszeit ca. 45 Min.
(ohne Wartezeit).
Pro Stück ca. 380 kcal / 1590 kJ.
E 4 g, F 27 g, KH 28 g

Schoko-Nuss-Bienenstich

Zutaten für ca. 24 Stücke:

- 200 g Zartbitter-Schokolade
- 7 Eier (Gr. M)
- 160 g + 150 g weiche Butter/Margarine
- 160 g + 2 EL Zucker
- 3 Päckchen Vanillin-Zucker
- 1 Prise Salz
- 400 g gemahlene Haselnüsse
- 2 TL Backpulver
- 9 EL Amaretto-Likör
- Fett und Mehl für die Fettpfanne
- 3–4 EL (70 g) Honig
- 150 g + 600 g Schlagsahne
- 300 g Mandelblättchen
- 3 Päckchen Sahnefestiger

1. Schokolade reiben. Eier trennen. 160 g Fett, 160 g Zucker, 1 Päckchen Vanillin-Zucker und Salz cremig rühren. Eigelb nach und nach unterrühren. Schokolade, Nüsse und Backpulver mischen und im Wechsel mit 4 EL Likör unterrühren. Eiweiß steif schlagen und portionsweise unterheben. Den Teig auf einer gefetteten, bemehlten Fettpfanne (ca. 32 x 39 cm) glatt streichen. Im vorgeheizten Backofen (E-Herd: 200 °C / Umluft: 175 °C / Gas: Stufe 3) ca. 20 Minuten backen.

2. Für den Belag 150 g Fett, Honig, 2 EL Zucker und 150 g Sahne unter Rühren aufkochen. Die Mandelblättchen unterheben. Masse dann auf den Kuchen streichen und weitere 10–15 Minuten bei gleicher Hitze backen. Auskühlen lassen.

3. 600 g Sahne, 2 Päckchen Vanillin-Zucker und Sahnefestiger steif schlagen. 5 EL Amaretto-Likör unterheben. Den Kuchen vierteln. Jede Platte einmal waagerecht durchschneiden. Mit Sahne füllen. Vorm Servieren in je ca. 6 Stücke schneiden.

Zubereitungszeit ca. 1¼ Std. (ohne Wartezeit). Pro Stück ca. 500 kcal / 2100 kJ. E 8 g, F 41 g, KH 19 g

EXTRA-TIPP

Schokolade lässt sich besser reiben, wenn man sie vorher kurze Zeit ins Tiefkühlfach legt.

Butterkuchen mit Mandel-Zucker-Kruste

Zutaten für ca. 20 Stücke:

Für den Rührteig:
- **150 g weiche Butter**
- **175 g Zucker**
- **6 Eier (Gr. M)**
- **375 g Mehl**
- **1 Päckchen Backpulver**
- **1 Prise Salz**
- **250 g stichfeste saure Sahne**
- **Fett fürs Blech**

Für den Belag:
- **200 g Butter**
- **200 g Zucker**
- **4 EL Schlagsahne**
- **250 g Mandelblättchen**

1. Für den Teig Fett und Zucker cremig rühren. Eier nach und nach unterrühren. Mehl, Backpulver und Salz mischen. Im Wechsel mit der sauren Sahne esslöffelweise unterrühren.

2. Eine Fettpfanne (ca. 32 x 39 cm) einfetten. Teig darauf verstreichen. Im heißen Backofen (E-Herd: 225 °C / Umluft: 200 °C / Gas: Stufe 4) ca. 20 Minuten backen.

3. Für die Kruste Butter schmelzen. Zucker und Sahne zufügen und unter Rühren einmal aufkochen lassen. Mandelblättchen unterheben und ca. 3 Minuten köcheln lassen. Mandel-Mischung auf dem Kuchen verteilen und bei gleicher Temperatur weitere 5–10 Minuten backen. Kuchen auskühlen lassen und in ca. 20 Stücke schneiden. Nach Belieben mit halb steif geschlagener Sahne servieren.

Zubereitungszeit ca. 45 Min.
Pro Stück ca. 400 kcal / 1680 kJ.
E 7 g, F 25 g, KH 33 g

Knusprige Kirsch-Schnitten

Zutaten für ca. 24 Stücke:

- 500 g Mehl
- 75 g + 100 g + 50 g Zucker
- 1 Prise Salz
- 1 Würfel (42 g) Hefe
- 1,2 l Milch
- 1 Ei (Gr. M)
- 75 g + 150 g + 200 g weiche Butter
- Fett fürs Blech
- 50 g Honig
- je 100 g Mandelstifte und -blättchen
- 1 kg Sauerkirschen
- 2 Päckchen Puddingpulver „Vanille" (für je ½ l Milch; zum Kochen)

1. Mehl, 75 g Zucker und Salz mischen. Hefe zerbröckeln und in ¼ l lauwarmer Milch auflösen. Mit Ei und 75 g Butter zum Mehl geben. Alles zu einem glatten Teig verkneten. Zugedeckt ca. 30 Minuten gehen lassen. Dann auf einem gefetteten Backblech (ca. 35 x 40 cm) ausrollen. Ca. 20 Minuten gehen lassen.

2. 150 g Butter, 100 g Zucker und Honig schmelzen. Mandelstifte und -blättchen sowie 5 EL Milch unterrühren. Mandelmasse auf den Teig streichen. Im heißen Backofen (E-Herd: 200 °C / Umluft: 175 °C/ Gas: Stufe 3) ca. 30 Minuten backen. Kuchen auskühlen lassen.

3. Kirschen waschen, entstielen und entsteinen. Puddingpulver und 4 EL Milch verrühren. Restliche Milch aufkochen. Puddingpulver einrühren und nochmals aufkochen. Abkühlen lassen. 200 g Butter und 50 g Zucker cremig rühren. Lauwarmen Pudding esslöffelweise unterrühren.

4. Kuchen in 3 breite Streifen schneiden und waagerecht halbieren. Die Buttercreme auf die Böden streichen. Kirschen darauf verteilen. Mit den oberen Platten bedecken. Kuchen in Stücke schneiden.

Zubereitungszeit ca. 2½ Std. (ohne Wartezeit). Pro Stück ca. 400 kcal / 1680 kJ. E 6 g, F 23 g, KH 40 g

Hier kommen Kuchen groß rau

***F**risch aus dem Backofen schmecken diese kleinen Kunstwerke am besten. Eine Füllung aus Früchten, Marzipan, Pudding oder Käsecreme macht sie schön saftig. Da muss man einfach zugreifen!*

kleine

Kopenhagener & Co.

Bunte Blätterteig-Platte

Zutaten für 15 Stück:

- 1½ Packungen (à 450 g) quadratische TK-Blätterteigscheiben
- 1 Glas (720 ml) Kirschen
- 3 geh. EL (45 g) Speisestärke
- 1 geh. EL + 50 g Zucker
- 400 ml Milch
- 1 Päckchen Puddingpulver „Vanille" (für ½ l Milch; zum Kochen)
- 6 EL Eierlikör
- 100 g Aprikosen-Konfitüre
- 5 Aprikosenhälften (aus der Dose)
- 1 EL Schlagsahne
- 1 Eigelb
- 2 EL Mandelblättchen
- 1 EL gehackte Pistazien
- 1 EL Hagelzucker

1. Teigplatten nebeneinander auftauen lassen. Inzwischen Kirschen in einem Sieb abtropfen lassen, Saft dabei auffangen. 2 EL Saft und Stärke verrühren. Rest Saft und 1 geh. EL Zucker aufkochen. Stärke einrühren, aufkochen. Kirschen unterheben. Abkühlen lassen. 6 EL Milch und Puddingpulver verrühren. Übrige Milch und 50 g Zucker aufkochen. Puddingpulver einrühren und nochmals aufkochen. Eierlikör unterrühren, abkühlen lassen. Dabei gelegentlich umrühren, damit sich keine Haut bildet.

2. Von 5 Platten die Ecken fast bis zur Mitte einschneiden. Je 1 TL Konfitüre und 1 Aprikose in die Mitte geben. Jede 2. Ecke zur Mitte klappen und andrücken, sodass ein Windmühlenrad entsteht. Kirschen auf weitere 5 Platten verteilen, äußere Ecken zur Mitte hin umklappen. Pudding auf die Mitte der restlichen Platten verteilen. Zu Dreiecken zusammenklappen.

3. Sahne und Eigelb verquirlen. Teilchen damit bestreichen. Kirschen mit Mandeln und Dreiecke mit Pistazien bestreuen. Alles im vorgeheizten Backofen (E-Herd: 200 °C / Umluft: 175 °C / Gas: Stufe 3) 15–20 Minuten backen. Restliche Konfitüre auf die Mühlen streichen und mit Hagelzucker bestreuen. Auskühlen lassen.

Zubereitungszeit ca. 1½ Std.
Pro Stück ca. 310 kcal / 1300 kJ.
E 4 g, F 14 g, KH 39 g

Schweineöhrchen mit Orangen-Marzipan

Zutaten für ca. 12 Stück:

- 1 Packung (450 g) TK-Blätterteig
- 125 g Marzipan-Rohmasse
- 3–4 EL (ca. 75 g) Orangen-Marmelade
- 3 gestr. EL (25 g) + 125 g Puderzucker
- 1 Eiweiß (Gr. M)
- Mehl für die Arbeitsfläche
- 2–3 EL Zitronensaft
- evtl. Zitronenmelisse zum Verzieren
- Backpapier

1. Blätterteigplatten nebeneinander auftauen lassen. Marzipan würfeln, mit Marmelade, 3 gestr. EL Puderzucker und Eiweiß cremig verrühren.

2. Teigplatten aufeinander legen und auf wenig Mehl zu einem Rechteck (ca. 38 x 48 cm) ausrollen. Eine Hälfte (ca. 24 x 38 cm) mit der Hälfte der Marzipanmasse bestreichen. Teigplatte von der schmalen Seite her auf eine Größe von ca. 24 x 38 cm umklappen. Vorgang noch zweimal wiederholen (auf ca. 19 x 24 cm und ca. 12 x 19 cm umklappen), dabei jeweils mit dem Marzipan füllen.

3. Aus dem gefalteten Blätterteig ca. 12 Streifen (ca. 1 cm dick) schneiden. Dann jeden Streifen zu einem Hufeisen formen und auf ein mit Backpapier ausgelegtes Backblech legen. Im vorgeheizten Backofen (E-Herd: 200 °C / Umluft: 175 °C / Gas: Stufe 3) 20–25 Minuten goldbraun backen.

4. 125 g Puderzucker und Zitronensaft verrühren. Öhrchen noch heiß mit dem Guss bestreichen und auskühlen lassen. Evtl. mit Melisse verzieren.

Zubereitungszeit ca. 1¼ Std.
Pro Stück ca. 280 kcal / 1170 kJ.
E 3 g, F 14 g, KH 33 g

Apfeltaschen mit Preiselbeeren

Zutaten für ca. 16 Stück:

- 2–3 Äpfel (ca. 400 g)
- 2 EL Zitronensaft
- 150 g Magerquark
- 75 g Zucker
- 1 Päckchen Vanillin-Zucker
- 5 EL Milch
- 5 EL Öl
- 1 Prise Salz
- 300 g Mehl
- 1 Päckchen Backpulver
- Mehl für die Arbeitsfläche
- 1 Ei (Gr. M)
- ca. 100 g Preiselbeeren (aus dem Glas)
- 1 EL Schlagsahne oder Milch
- Backpapier

1. Als erstes für die Füllung Äpfel schälen, vierteln und entkernen. Apfelviertel in Spalten schneiden und mit Zitronensaft beträufeln.

2. Quark, Zucker, Vanillin-Zucker, Milch, Öl und Salz verrühren. Mehl und Backpulver mischen. Die Hälfte unterrühren, den Rest unterkneten. ⅓ Teig auf wenig Mehl dünn ausrollen. Mit einem Gitterroller ein Gitter ausrollen oder den Teig in Streifen schneiden. Restlichen Teig durchkneten. Zu einem Quadrat (ca. 28 x 28 cm) ausrollen. Ca. 16 Quadrate (à ca. 7 x 7 cm) markieren.

3. Ei trennen. Apfelspalten und Preiselbeeren in die Mitte der Quadrate verteilen. Dann die Ränder der Quadrate mit Eiweiß bestreichen. Gitter oder die Teigstreifen darauf legen und zwischen den Äpfeln rundherum gut andrücken. Anschließend die 16 Quadrate mit einem scharfen Messer ausschneiden.

4. Eigelb und Sahne verquirlen. Die Teilchen damit bestreichen und jeweils 8 Teilchen auf ein mit Backpapier ausgelegtes Backblech legen. Danach im vorgeheizten Backofen (E-Herd: 175 °C / Umluft: 150 °C/ Gas: Stufe 2) ca. 15 Minuten goldbraun backen.

Zubereitungszeit ca. 1¼ Std.
Pro Stück ca. 160 kcal / 670 kJ.
E 4 g, F 4 g, KH 25 g

Pflaumen-Kopenhagener

Zutaten für 12 Stück:

- 1 Packung (450 g; 6 Scheiben) TK-Blätterteig
- 1 Ei (Gr. M)
- 2 EL (20 g) Mandelblättchen
- 300 g Doppelrahm-Frischkäse
- ½ Päckchen unbehandelte Zitronenschale (gibt's gerieben zu kaufen)
- 100 g Schlagsahne
- 1–2 EL Zucker
- 3 Pflaumen (à ca. 50 g)
- 100 g Aprikosen-Konfitüre
- Alufolie
- getrocknete Erbsen zum Blindbacken
- Backpapier

1. Teigplatten nebeneinander legen und auftauen lassen. Inzwischen aus der Alufolie 12 kleine runde Förmchen herstellen. Erbsen hineinfüllen und die Förmchen wie einen Beutel oben zudrehen.

2. Blätterteigscheiben halbieren und auf zwei mit Backpapier ausgelegte Backbleche legen. Ei trennen. Eiweiß verquirlen. Teigscheiben mit einer Gabel mehrmals einstechen. Teigecken mit Eiweiß bestreichen, nach innen einschlagen und leicht andrücken. Eigelb und 1 EL Wasser verquirlen. Eingeschlagene Ecken damit bestreichen und mit Mandelblättchen bestreuen. Alubeutel in die Mitte der Teigstücke setzen.

3. Im vorgeheizten Backofen (E-Herd: 200 °C / Umluft: 175 °C / Gas: Stufe 3) 20–25 Minuten backen. Alubeutel entfernen. Teilchen auskühlen lassen.

4. Frischkäse, Zitronenschale, Sahne und Zucker steif schlagen. Creme in die Mitte der Teilchen geben. Pflaumen waschen, halbieren, entsteinen. Fruchthälften nochmals halbieren. Spalten dreimal längs einritzen, etwas auseinander drücken und auf die Käsecreme setzen. Konfitüre erhitzen, Kopenhagener damit bestreichen.

Zubereitungszeit ca. 50 Min. (ohne Wartezeit). Pro Stück ca. 310 kcal / 1300 kJ. E 5 g, F 21 g, KH 22 g

Fruchtige Vanille-Teilchen

Zutaten für ca. 10 Stück:

Für den Quark-Öl-Teig:
- 200 g Magerquark
- 6 EL Milch
- 6 EL Öl
- 75 g Zucker
- 300 g Mehl
- 1 Päckchen Backpulver
- Mehl zum Ausrollen
- Backpapier

Für den Belag:
- ½ l Milch
- 1 geh. EL (ca. 20 g) Zucker
- 1 Päckchen Puddingpulver „Vanille" (für ½ l Milch; zum Kochen)
- 1 Eigelb
- 75 g Mandelblättchen
- 2–3 EL Hagelzucker
- ca. 10 TL Erdbeer-Konfitüre

1. Für den Teig Quark gut abtropfen lassen. Mit Milch, Öl und Zucker verrühren. Mehl und Backpulver mischen. Hälfte unterrühren, Rest unterkneten. Teig in ca. 10 Stücke teilen und auf leicht bemehlter Arbeitsfläche rund (ca. 12 cm Ø) ausrollen.

2. Für den Belag 6 EL Milch, Zucker und Puddingpulver glatt rühren. Rest Milch aufkochen. Puddingpulver einrühren und kurz aufkochen. Pudding etwas abkühlen lassen.

3. Pudding esslöffelweise auf die Teigkreise verteilen. Kreise an 3 Seiten zur Mitte überschlagen. Auf ein mit Backpapier ausgelegtes Backblech setzen. Eigelb und 1 EL Wasser verquirlen. Teig damit bestreichen. Mit Mandelblättchen und Hagelzucker bestreuen. Jeweils etwas Konfitüre in die Mitte geben.

4. Teilchen im vorgeheizten Backofen (E-Herd: 175 °C / Umluft: 150 °C/ Gas: Stufe 2) 15–20 Minuten backen. Gebäck herausnehmen und auf einem Kuchengitter auskühlen lassen.
Tipp: Sie schmecken frisch am besten.

Zubereitungszeit ca. 50 Min.
Pro Stück ca. 350 kcal / 1470 kJ.
E 9 g, F 13 g, KH 48 g

Apfel-Zimt-Croissants

Zutaten für 6 Stück:

- 2 säuerliche Äpfel (à ca. 150 g)
- 75 ml Zitronensaft
- 1 EL Zucker
- 1 Messerspitze Zimt
- 1 Rolle (250 g) gekühlter Frischteig für Croissants
- 1 EL Kondensmilch
- 100 g Puderzucker
- 1–2 EL Apfelsaft
- 1 EL gemahlene Pistazienkerne
- Backpapier

1. Äpfel waschen, halbieren und die Kerngehäuse entfernen. Äpfel in Spalten schneiden. Im heißen Zitronensaft ca. 2 Minuten dünsten. Zucker und Zimt zufügen. Abkühlen lassen.

2. Frischteig aus der Dose nehmen, entrollen und in Dreiecke trennen. Auf ein mit Backpapier ausgelegtes Backblech legen. Mit Apfelstücken belegen und von der Grundseite zur Spitze hin zu Croissants aufrollen. Mit Kondensmilch bestreichen.

3. Im vorgeheizten Backofen (E- Herd: 200 °C / Umluft: 175 °C / Gas: Stufe 3) 12–15 Minuten backen. Anschließend etwas abkühlen lassen. Puderzucker und Apfelsaft glatt rühren und die Croissants damit dünn bestreichen. Pistazien darauf streuen. Den Guss trocknen lassen.

Zubereitungszeit ca. 40 Min. (ohne Wartezeit). Pro Stück ca. 260 kcal / 1090 kJ. E 3 g, F 8 g, KH 42 g

EXTRA-TIPP

Anstelle von gekühltem Frischteig für Croissants können Sie auch TK-Blätterteig (quadratisch) verwenden. Die Teigplatten auftauen lassen, evtl. etwas größer ausrollen und diagonal halbieren.

Aprikosen-Quark-Küchlein

Zutaten für ca. 9 Stück:

- 125 g + 100 g Magerquark (keine cremige Sorte)
- 2 Eier (Gr. M) + 1 Eigelb
- 75 g + 25 g Zucker
- 1 Prise Salz
- 4 EL + 1 EL Milch
- 4 EL Öl
- 300 g Mehl
- ½ Päckchen Backpulver
- 100 g Doppelrahm-Frischkäse
- 1 Päckchen Vanillin-Zucker
- 50 g Marzipan-Rohmasse
- ca. 9 Aprikosenhälften (aus der Dose)
- ca. 1 EL Hagelzucker
- evtl. Zitronenmelisse
- Backpapier

1. 125 g Quark, 1 Ei, 75 g Zucker, Salz, 4 EL Milch und Öl verrühren. Mehl und Backpulver mischen. Die Hälfte des Mehls unterrühren und den Rest kurz unterkneten.

2. Doppelrahm-Frischkäse, 25 g Zucker, Vanillin-Zucker, grob geraspeltes Marzipan, 1 Ei und 100 g Quark gut verrühren.

3. Teig mit leicht bemehlten Händen zu ca. 9 Küchlein formen und auf ein mit Backpapier ausgelegtes Backblech legen. Jeweils in die Mitte eine Mulde drücken und ca. 1 EL Käsemasse hineinfüllen. Eine Aprikose mit der Wölbung nach oben darauf setzen. Oder die Aprikose in Spalten schneiden und auf der Käsecreme verteilen. Mit Hagelzucker bestreuen.

4. Teilchen im vorgeheizten Backofen (E-Herd: 175 °C / Umluft: 150 °C/ Gas: Stufe 2) ca. 20 Minuten backen. 1 Eigelb und 1 EL Milch verquirlen. 5 Minuten vor Ende der Backzeit Küchlein damit bestreichen und fertig backen. Auskühlen lassen, verzieren.

Zubereitungszeit ca. 50 Min.
Pro Stück ca. 340 kcal / 1420 kJ.
E 10 g, F 12 g, KH 46 g

EXTRA-TIPP

Dieses Gebäck lässt sich prima einfrieren. Entweder bei Zimmertemperatur auftauen oder nochmals kurz aufbacken. Dann dürfen die Küchlein aber beim ersten Backen nicht so dunkel werden.

Windbeutel mit Himbeer-Joghurtcreme

Zutaten für ca. 8 Stück:

- 65 g Butter/Margarine, 1 Prise Salz
- 150 g Mehl, 3 Eier (Gr. M)
- 1 Messerspitze Backpulver
- 250 g TK-Himbeeren
- 200 g Schlagsahne
- 1 Päckchen Vanillin-Zucker
- 2 Päckchen Sahnefestiger
- 300 g Himbeer-Joghurt
- 4 EL Eierlikör, ca. 1 EL Puderzucker
- evtl. Zitronenmelisse
- Backpapier

1. Für den Teig ¼ l Wasser, Fett und Salz in einem kleinen Topf aufkochen. Mehl auf einmal zufügen und so lange rühren, bis sich der Teig als Kloß vom Topfboden löst und sich dort ein weißer Film bildet. Topf vom Herd nehmen. 1 Ei unterrühren, abkühlen lassen. Rest Eier einzeln unterrühren. Backpulver zufügen und unterrühren.

2. Teig in einen Spritzbeutel mit Sterntülle füllen. Ca. 8 Tuffs auf ein mit Backpapier ausgelegtes Backblech spritzen. Im vorgeheizten Backofen (E-Herd: 200 °C / Umluft: 175 °C/ Gas: Stufe 3) ca. 40 Minuten backen. Backofentür zwischendurch nicht öffnen! Herausnehmen und sofort einen Deckel abschneiden. Abkühlen.

3. Himbeeren auftauen. Sahne steif schlagen, Vanillin-Zucker und Sahnefestiger einrieseln lassen. Unter den Joghurt unterheben.

4. Untere Windbeutelhälften mit Himbeeren belegen. Joghurt in einen Spritzbeutel füllen. Auf die Himbeeren spritzen. Likör darüber träufeln. Deckel darauf setzen. Mit Puderzucker bestäuben, evtl. mit Melisse verzieren.

Zubereitungszeit ca. 1½ Std.
Pro Stück ca. 340 kcal / 1420 kJ.
E 8 g, F 19 g, KH 29 g

Vanille-Erdbeer-Pastetchen

Zutaten für 6 Stück:

- 1 Packung (450 g) TK-Blätterteig
- 2–3 EL (25 g) Mandelblättchen
- 1 Ei (Gr. M), 150 g Schlagsahne
- 50 g Puderzucker
- ½–1 EL Zitronensaft
- 200–250 g Erdbeeren
- 1 Päckchen Vanillin-Zucker
- 1 Päckchen Sahnefestiger
- 1 TL Zucker
- 1 Becher (150 g) Vanille-Joghurt
- Zitronenmelisse zum Verzieren
- Backpapier

1. Blätterteigplatten nebeneinander legen und auftauen lassen. Mandeln in einer Pfanne ohne Fett rösten, herausnehmen und auskühlen lassen.

2. Von den Teigplatten jeweils ein Quadrat von ca. 10,5 cm abschneiden. Aus den übrigen Rechtecken ein kleines Rechteck aus der Mitte schneiden, sodass ein ca. 2 cm breiter Rand stehen bleibt. Rand an zwei gegenüberliegenden Ecken durchschneiden.
Ei trennen. Ränder der Quadrate mit Eiweiß bestreichen. Die zwei Randstreifen darauf kleben. Aus den übrigen Rechtecken die kleinen, fehlenden Teigstreifen schneiden. Zwischen die Randstreifen kleben.

3. Auf ein mit Backpapier ausgelegtes Backblech legen. Böden der Pasteten mehrmals mit einer Gabel einstechen. Im heißen Backofen (E-Herd: 200 °C/ Umluft: 175 °C / Gas: Stufe 3) ca. 20 Minuten backen. Eigelb und 1 TL Sahne verrühren. Ränder nach der Hälfte der Backzeit damit bestreichen, weiterbacken. Pasteten auskühlen lassen. Puderzucker und Zitronensaft verrühren. Pastetenränder mit Guss bestreichen und mit Mandelblättchen bestreuen. Trocknen lassen.

4. Erdbeeren waschen, putzen und in Scheiben schneiden. Rest Sahne, Vanillin-Zucker, Sahnefestiger und Zucker steif schlagen, unter den Joghurt heben. Creme in die Pasteten füllen. Erdbeeren darauf verteilen. Verzieren.

Zubereitungszeit ca. 1¼ Std. (ohne Wartezeit). Pro Stück ca. 500 kcal / 2100 kJ. E 8 g, F 33 g, KH 40 g

Nuss
ein Hochge

Knackige Nuss-Taler

Zutaten für ca. 18 Stück:

- 250 g Mehl
- 1 Ei (Gr. M)
- 75 g + 300 g Zucker
- 1 Päckchen Vanillin-Zucker
- 1 Prise Salz
- 125 g + 25 g kalte Butter/Margarine
- 350 g Haselnusskerne
- Mehl für die Arbeitsfläche
- je 100 g Halbbitter- und Vollmilch-Kuvertüre
- etwas Öl, Backpapier

1. Mehl auf die Arbeitsfläche sieben, in die Mitte eine Mulde drücken. Ei hineingeben. 75 g Zucker, Vanillin-Zucker, Salz und 125 g Fett in Flöckchen auf dem Rand verteilen. Zutaten zuerst mit einem großen Messer grob hacken, dann mit den Händen rasch zu einem glatten Teig verkneten. Zugedeckt ca. 30 Minuten kalt stellen.

2. In der Zwischenzeit Nüsse in einer trockenen Pfanne unter Wenden ca. 10 Minuten rösten. Ein stabiles Sieb in eine Schüssel hängen. Die noch heißen Nüsse hineingeben und mit Küchenpapier kräftig reiben, sodass sich die braune Haut ablöst.

3. Teig auf wenig Mehl ausrollen. 18 Kreise (ca. 7,5 cm Ø) ausstechen. Je 9 Stück auf ein mit Backpapier ausgelegtes Backblech legen. Im heißen Backofen (E-Herd: 200 °C / Umluft: 175 °C / Gas: Stufe 3) 15–20 Minuten backen. Abkühlen lassen. Nüsse dicht an dicht darauf verteilen.

4. 300 g Zucker in einer Pfanne bei schwacher Hitze goldgelb karamellisieren. 25 g Fett darin schmelzen. Mit ca. 6 EL warmem Wasser ablöschen. Unter Rühren köcheln lassen, bis ein glatter Karamell entsteht. Nüsse damit gleichmäßig überziehen. Ca. 30 Minuten trocknen lassen.

5. Ein Kuchengitter einölen und auf das gebrauchte Backpapier setzen. Kuvertüre grob hacken, im heißen Wasserbad schmelzen. Abkühlen und nochmals erwärmen. Taler mit Hilfe von zwei Gabeln zu ⅔ in die Kuvertüre tauchen. Abtropfen und auf dem Gitter trocknen lassen.

Zubereitungszeit ca. 2 Std. (ohne Wartezeit).
Pro Stück ca. 320 kcal / 1340 kJ.
E 4 g, F 16 g, KH 38 g

an Nuss
nuss

Kerniges für die große und kleine Runde

Knabberfreunde werden es schwer haben, hier einen Favoriten zu küren. Die Kuchen schmecken allesamt köstlich und sind leicht zuzubereiten. Beim Backen werden Sie also keine harte Nuss zu knacken haben

Nuss-Kuchen

Obstkuchen mit Nüssen

Zutaten für ca. 20 Stücke:

- je 2 Dosen (à 850 g) Birnen- und Pfirsichhälften
- 250 g Schlagsahne
- 250 g + 250 g Zucker (2 Becher)
- 2 Päckchen Vanillin-Zucker
- 4 Eier (Gr. M)
- 1 Prise Salz
- abgeriebene Schale von 1 unbehandelten Zitrone
- 500 g Mehl (2 Becher)
- 1 Päckchen Backpulver
- Fett und Mehl fürs Blech
- 125 g Butter/Margarine
- 4 EL Milch
- 200 g Haselnusskerne
- 200 g Walnusskerne

1. Birnen- und Pfirsichhälften in einem Sieb gut abtropfen lassen. In der Zwischenzeit für den Teig die Sahne in eine Rührschüssel gießen. 1 Becher (250 g) Zucker, 1 Päckchen Vanillin-Zucker, Eier, Salz und Zitronenschale zufügen. Alles gut verrühren. Mehl und Backpulver mischen, darüber sieben und unterrühren.

2. Teig auf ein gefettetes bemehltes Backblech (ca. 35 x 40 cm) streichen. Im vorgeheizten Backofen (E-Herd: 200 °C / Umluft: 175 °C / Gas: Stufe 3) 10 Minuten vorbacken.

3. Für den Belag Fett schmelzen. Restlichen Zucker (1 Becher) und 1 Päckchen Vanillin-Zucker darin auflösen. Milch zufügen, Haselnuss- und Walnusskerne unterheben. Obst und Nussmasse auf dem Teig verteilen. Den Kuchen ca. 20 Minuten bei gleicher Temperatur weiterbacken. Anschließend vollständig auskühlen lassen und in Stücke schneiden.

Zubereitungszeit ca. 45 Min.
Pro Stück ca. 360 kcal / 1510 kJ.
E 7 g, F 23 g, KH 29 g

Amerikanische Brownies

Zutaten für ca. 16 Stücke:

- 100 g Zartbitter-Schokolade
- 100 g Butter/Margarine
- 75 g Walnusskerne
- 250 g Zucker
- 1 Päckchen Vanillin-Zucker
- 3 Eier (Gr. M)
- 150 g Mehl
- 1 Prise Salz
- Backpapier
- Alufolie

1. Gut gekühlte Schokolade mit einem Messer grob hacken. Fett und Schokolade in einem Topf unter Rühren schmelzen. Dann etwas abkühlen lassen.

2. Walnusskerne hacken. Zucker, Vanillin-Zucker, Eier, Mehl, Salz und Nüsse unter die Schokoladen-Fett-Masse rühren.

3. Ein Backblech zur Hälfte mit Backpapier auslegen. Aus gefalteter Alufolie eine Schiene formen. Halbes Backblech (ca. 18 cm) damit abgrenzen. Teig darauf verstreichen.

4. Im vorgeheizten Backofen (E-Herd: 175 °C / Umluft: 150 °C / Gas: Stufe 2) ca. 20 Minuten backen. Noch warm in Rechtecke (ca. 5 x 6 cm) schneiden und abkühlen lassen. Dazu schmeckt Vanille-Eis.

Zubereitungszeit ca. 45 Min.
Pro Stück ca. 200 kcal / 840 kJ.
E 3 g, F 10 g, KH 23 g

EXTRA-TIPP

Brownies sind ein typisch amerikanisches Gebäck, das es in vielen Rezeptversionen gibt. Die Kuchen sind jedoch immer etwas feucht und leicht klebrig. Man sollte sie nicht zu lange backen (Garprobe machen!), sonst werden sie trocken. In den USA genießt man sie warm oder kalt, mal mit Eis, mal mit Schlagsahne.

Schoko-Haselnuss-Kuchen

Zutaten für ca. 16 Stücke:

- 600 g Möhren
- 150 g Vollmilch-Schokolade
- 8 Eier (Gr. M)
- 250 g + 50 g Zucker
- 2 Päckchen Vanillin-Zucker
- 1 Prise Salz
- 100 g Mehl
- 1 Päckchen Backpulver
- 300 g gemahlene Haselnüsse
- 100 g Weizengrieß
- abgeriebene Schale von 1 unbehandelten Zitrone
- ½ TL Zimt
- Fett für die Fettpfanne
- 100 g Haselnussblättchen
- 300 g Puderzucker
- 4–5 EL Zitronensaft
- evtl. Melisse zum Verzieren

1. Möhren schälen, waschen und fein reiben. Schokolade grob hacken. Eier trennen. Eigelb, 250 g Zucker und Vanillin-Zucker schaumig schlagen. Eiweiß und Salz steif schlagen, dabei 50 g Zucker einrieseln lassen. Mehl und Backpulver sieben. Mit gemahlenen Nüssen, Grieß, Zitronenschale, Zimt, Möhren und Schokolade unter die Eigelbmasse heben. Dann vorsichtig den Eischnee unterziehen.

2. Teig auf eine gefettete Fettpfanne (ca. 32 x 39 cm) streichen. Im vorgeheizten Backofen (E-Herd: 200 °C/ Umluft: 175 °C / Gas: Stufe 3) ca. 30 Minuten backen. Auskühlen lassen.

3. Haselnussblättchen ohne Fett in der Pfanne rösten. Herausnehmen und auskühlen lassen. Puderzucker und Zitronensaft verrühren. Kuchen damit bestreichen. Haselnussblättchen darauf streuen. Guss trocknen lassen. Mit Melisse verzieren. Dazu schmeckt Mandarinen-Sahne.

Zubereitungszeit ca. 1¼ Std.
Wartezeit ca. 2 Std.
Pro Stück ca. 400 kcal / 1680 kJ.
E 9 g, F 19 g, KH 46 g

Orangen-Krokant-Ecken

Zutaten für ca. 32 Stück:

- 200 g Weizenvollkornmehl
- 200 g Haferflocken
- 50 g Fruchtzucker
- 2 Eier (Gr. M)
- 250 g + 125 g kalte Butter/Margarine
- 200 g Walnusskerne
- Fett fürs Blech
- 150 g Orangenmarmelade
- 5 EL Grand Marnier (Orangenlikör)
- 3 EL Schlagsahne
- 150 g weiße Kuvertüre
- 150 g Halbbitter-Kuvertüre

1. Mehl, Haferflocken, Fruchtzucker, Eier und 250 g Fett zu einem glatten Teig verkneten. Zugedeckt ca. 1 Stunde kühl stellen.

2. In der Zwischenzeit die Walnusskerne hacken. Teig auf einem gefetteten Backblech zu einem Quadrat von ca. 32 x 32 cm ausrollen. Orangenmarmelade und die Hälfte des Likörs erhitzen und auf den Teig streichen. Sahne, restliches Fett und übrigen Likör in einem Topf erhitzen und die gehackten Walnüsse unterrühren. Nussmasse auf die Marmeladenschicht streichen.

3. Die Teigplatte im vorgeheizten Backofen (E-Herd: 200 °C / Umluft: 175 °C / Gas: Stufe 3) 15-20 Minuten backen. Gebäck anschließend abkühlen lassen.

4. Kuchen in Quadrate (ca. 8 x 8 cm) schneiden und diagonal halbieren. Weiße und dunkle Kuvertüre getrennt hacken und im heißen Wasserbad schmelzen. Dreiecke nach Belieben in Kuvertüre tauchen und auf einem Kuchengitter trocknen lassen.

Zubereitungszeit ca. 1¼ Std. (ohne Wartezeit). Pro Stück ca. 270 kcal / 1130 kJ. E 4 g, F 18 g, K 19 g

Zarte Mandelhörnchen

Zutaten für ca. 8 Stück:

- 200 g Marzipan-Rohmasse
- 2 Eiweiß (Gr. M)
- 100 g Zucker
- 1 Päckchen Vanillin-Zucker
- 1 Prise Salz
- 50 g Mehl
- 75 g Mandelblättchen
- 100 g Halbbitter-Kuvertüre
- Backpapier

1. Marzipan in Würfel schneiden. Mit Eiweiß, Zucker, Vanillin-Zucker und Salz mit den Schneebesen des Handrührgerätes glatt verrühren. Mehl darauf sieben. Alles zu einer glatten Masse verrühren.

2. Marzipanmasse in einen Spritzbeutel mit großer Lochtülle füllen. Ca. 8 Hörnchen auf ein mit Backpapier ausgelegtes Backblech spritzen. Dann mit Mandelblättchen bestreuen und diese leicht andrücken.

3. Hörnchen im vorgeheizten Backofen (E-Herd: 175 °C / Umluft: 150 °C/ Gas: Stufe 2) ca. 15 Minuten backen. Auskühlen lassen.

4. Kuvertüre in Stücke brechen. In eine Schüssel geben und im heißen Wasserbad schmelzen. Die Hörnchen mit beiden Enden in die Kuvertüre tauchen, trocknen lassen.

Zubereitungszeit ca. 45 Min.
Pro Stück ca. 340 kcal / 1430 kJ.
E 7 g, F 18 g, KH 35 g

Haselnuss-Baiser-Kuchen

Zutaten für ca. 20 Stücke:

- 250 g weiche Butter/Margarine
- 200 g + 200 g Zucker
- ½ Fläschchen Rum-Aroma
- 1 Prise Salz
- 6 Eier (Gr. M)
- 375 g Mehl
- 1 Päckchen Backpulver
- 5–7 EL (ca. 75 ml) Milch
- Fett und Paniermehl fürs Blech
- 1 TL Zitronensaft
- 100 g gemahlene Haselnüsse
- 5 EL (50 g) Haselnussblättchen

1. Fett, 200 g Zucker, Rum-Aroma und Salz cremig rühren. 3 Eier trennen. 3 Eigelb und 3 Eier einzeln unter die Fettmasse rühren. Mehl und Backpulver mischen, portionsweise sieben und abwechselnd mit der Milch unterrühren. Teig auf ein gefettetes, mit Paniermehl ausgestreutes Backblech (ca. 35 x 40 cm) streichen.

2. 3 Eiweiß steif schlagen. Unter Rühren Zitronensaft zugeben und dabei 200 g Zucker nach und nach einrieseln lassen. Weiterschlagen, bis der Zucker gelöst ist. Gemahlene Haselnüsse unterheben. Baisermasse in einen Spritzbeutel mit glatter Lochtülle füllen und gitterartig auf den Teig spritzen. Kuchen mit Haselnussblättchen bestreuen.

3. Im vorgeheizten Backofen (E-Herd: 200 °C / Umluft: 175 °C / Gas: Stufe 3) ca. 20 Minuten backen. Den Kuchen anschließend auskühlen lassen. Dazu schmecken frisches Beerenkompott bzw. rote Grütze aus dem Glas und Vanille-Eis.

Zubereitungszeit ca. 40 Min.
Pro Stück ca. 320 kcal / 1340 kJ.
E 5 g, F 17 g, KH 35 g

EXTRA-TIPP

Das Rezept können Sie variieren, indem Sie die Haselnüsse durch Mandeln ersetzen und das Rum-Aroma durch Butter-Vanille-Aroma. Zum Rum-Rührteig passt auch Baiser mit Kokosraspeln.

Traumhafte

Würzige Mandel-Lebkuchen

Zutaten für ca. 24 Stück:

- 550 g Haselnusskerne
- 350 g Mandelkerne
- 125 g Marzipan-Rohmasse
- 6 Eier (Gr. M), 400 g flüssiger Honig
- 2 TL gemahlener Zimt
- 1 TL gemahlene Nelken
- 1 TL unbehandelte Zitronenschale (gibt's gerieben zu kaufen)
- je 125 g gewürfeltes Orangeat und Zitronat
- 8-eckige Back-Oblaten (122 x 202 mm) oder ca. 75 runde Oblaten (44 mm Ø)
- 8–10 Belegkirschen
- 125 g Kokosfett, 3 EL (20 g) Kakao
- 250 g Puderzucker
- ca. 4 EL (40 g) Kokosraspel

1. Haselnüsse portionsweise in einer Pfanne rösten, in ein Sieb geben und die Haut abreiben. Mandeln überbrühen, abschrecken und aus der Haut drücken. 300 g Haselnüsse und 200 g Mandeln mahlen. 100 g Mandeln und 250 g Haselnüsse grob hacken. 50 g gehackte Nüsse beiseite legen.

2. Marzipan fein würfeln. 5 Eier in eine große Rührschüssel geben und 4–5 Minuten schaumig schlagen. Honig nach und nach unterrühren. Gewürze und Zitronenschale unterrühren. Nach und nach Marzipan, Mandeln, Haselnüsse, je 100 g Orangeat und Zitronat unterheben. Ca. 10 Minuten ruhen lassen.

3. Oblaten quer dritteln, sodass je 3 Rechtecke (ca. 7 x 12 cm) entstehen. Masse auf die Oblaten streichen. Auf Bleche legen. Im heißen Backofen (E-Herd: 150 °C / Umluft: 125 °C/ Gas: Stufe 1) jeweils 20–25 Minuten backen. Auskühlen lassen.

4. 50 g ganze Mandeln und Kirschen halbieren. Übriges Orangeat und Zitronat fein hacken. Kokosfett schmelzen, etwas abkühlen lassen. Kakao und Puderzucker sieben und mit 2 EL heißem Wasser verrühren. Kokosfett nach und nach unterrühren. Zuletzt 1 Ei darunter rühren.

5. Lebkuchen sofort mit Glasur bestreichen. Mit Mandeln, Nüssen, Kirschen, Zitronat, Orangeat und Kokos verzieren. Ca. 1 Stunde trocknen.

Zubereitungszeit ca. 3 Std. (ohne Wartezeit). Pro Stück ca. 480 kcal / 2010 kJ. E 9 g, F 32 g, KH 36 g

s Festtags-Gebäck

... für die Familie und liebe Gäste

Mmh, wie herrlich duftet es vor Feiertagen – nach edlen Gewürzen, aromatischem Rum und Schokolade. Lebkuchen, Stollen sowie andere Leckereien mit Marzipan, Nüssen und Trockenfrüchten warten darauf, vernascht zu werden

Aprikosen-Ecken mit Rahmguss

Zutaten für ca. 24 Stücke:

- 250 g weiche Butter/Margarine
- 175 g + 200 g Zucker
- abgeriebene Schale von je 1 unbehandelten Zitrone und Orange
- 4 Eier (Gr. M)
- 250 g Mehl, 75 g Stärke
- 1 gehäufter TL Backpulver
- 3 gestr. EL Lebkuchengewürz
- Fett und Mehl für die Fettpfanne
- 2 Dosen (à 850 ml) Aprikosen
- ½ l Milch
- 2 Päckchen Puddingpulver „Vanille" (für je ½ l Milch; zum Kochen)
- 600 g Schmand
- 75 g Mandelblättchen

1. Fett und 175 g Zucker schaumig rühren. Zitronen- und Orangenschale zufügen. Eier nacheinander unterrühren. Mehl, Stärke, Backpulver und Lebkuchengewürz mischen und dann unterrühren.

2. Teig auf eine gefettete, bemehlte Fettpfanne streichen. Aprikosen abtropfen lassen und, bis auf einige zum Verzieren, darauf verteilen.

3. ⅛ l Milch und Puddingpulver glatt rühren. Rest Milch und 200 g Zucker aufkochen. Puddingpulver einrühren, nochmals aufkochen und Schmand unterrühren. Auf die Aprikosen streichen. Mit Mandeln bestreuen. Im vorgeheizten Backofen (E-Herd: 175 °C / Umluft: 150 °C / Gas: Stufe 2) ca. 40 Minuten backen.

4. Kuchen nach Belieben in Rauten schneiden. Evtl. mit Sahnetuffs, Aprikosenhälften und Mandeln verzieren.

Zubereitungszeit ca. 1¼ Std.
Pro Stück ca. 340 kcal / 1420 kJ.
E 5 g, F 17 g, KH 39 g

Mandel-Schokowürfel

Zutaten für ca. 130 Stück:

- 600 g Vollmilch-Kuvertüre
- 100 g Butter/Margarine
- 1 EL (15 g) Crème fraîche
- 4 Eier (Gr. M)
- 350 g brauner Rohrzucker (ersatzw. weißer)
- 100 g Mehl
- 200 g gemahlene Mandeln
- 100 g Mandeln (evtl. gehäutet)
- 50 g + 2–3 EL Pistazienkerne
- 150 g Schlagsahne
- Backpapier

1. Kuvertüre hacken. 300 g Kuvertüre, Fett und Crème fraîche im heißen Wasserbad unter Rühren schmelzen. Kuvertüre abkühlen lassen.

2. Eier und Zucker cremig rühren. Geschmolzene Kuvertüre unterrühren. Mehl und gemahlene Mandeln unterrühren. Ganze Mandeln und 50 g Pistazien unterheben.

3. Teig auf eine mit Backpapier ausgelegte Fettpfanne (ca. 32 x 39 cm) streichen. Im vorgeheizten Backofen (E-Herd: 175 °C / Umluft: 150 °C/ Gas: Stufe 2) ca. 45 Minuten backen. Auskühlen lassen.

4. Sahne erhitzen. Restliche Kuvertüre darin unter ständigem Rühren schmelzen. Kuchenplatte damit bestreichen und dann evtl. mit einem Garnierkamm durchziehen. 2–3 EL Pistazien hacken und darüber streuen. Kuvertüre trocknen lassen. Gebäck in ca. 130 Würfel (ca. 3 x 3 cm) schneiden.

Zubereitungszeit ca. 1½ Std.
Wartezeit ca. 2½ Std.
Pro Stück ca. 90 kcal / 370 kJ.
E 1 g, F 6 g, KH 7 g

„Berliner Bobbes"

Zutaten für ca. 16 Stück:

- 375 g + 50 g Mehl
- 50 g Speisestärke
- 1 TL Backpulver
- 125 g + 75 g + 25 g Zucker
- 1 Prise Salz
- 2 Eier (Gr. M)
- 225 g + 25 g Butter
- 100 g Marzipan-Rohmasse
- 4 EL Rum od. Orangensaft
- 50 g Löffelbiskuits
- 50 g Rosinen
- 50 g Haselnussblättchen
- ½ TL Zimt
- 1 Eigelb
- Fett fürs Blech
- 2 EL Puderzucker

1. 375 g Mehl, Stärke, Backpulver, 125 g Zucker und Salz mischen. Mit Eiern und 225 g Butter verkneten. Teig ca. 30 Minuten kalt stellen.

2. 75 g Zucker, Marzipan und Rum glatt verrühren. Teig auf einer leicht bemehlten Arbeitsfläche zu je 2 Teigplatten (ca. 30 x 35 cm) ausrollen und mit der Marzipanmasse bestreichen. Löffelbiskuits zerbröseln. Mit Rosinen und Nüssen darauf verteilen. Platten von der Längsseite her aufrollen. Ca. 1 Stunde kalt stellen. Inzwischen 25 g Zucker, 50 g Mehl, 25 g Butter und Zimt zu feinen Streuseln verarbeiten.

3. Eigelb und 2 EL Wasser verquirlen, Teigrollen damit bestreichen. Mit Streuseln bestreuen. In breite Stücke schneiden und stehend auf ein gefettetes Backblech setzen. Im heißen Backofen (E-Herd: 200 °C / Umluft: 175 °C / Gas: Stufe 3) 15–20 Minuten goldbraun backen. Das Gebäck auskühlen lassen und anschließend mit Puderzucker bestäuben.

Zubereitungszeit ca. 1 Std. (ohne Wartezeit).
Pro Stück ca. 380 kcal / 1590 kJ.
E 6 g, F 19 g, KH 44 g

Aprikosen-Mohn-Streifen

Zutaten für ca. 12 Stücke:

- 100 g Butter/Margarine
- 150 ml Milch
- 1 Würfel (ca. 42 g) Hefe
- 500 g Mehl
- 50 g Zucker, 1 Prise Salz
- 1 Ei + 1 Eigelb (Gr. M)
- 250 g Mohn-back
- 100 g Crème fraîche
- 1 Dose (425 ml) Aprikosen
- 50 g + 25 g Mandelstifte
- Fett fürs Blech
- 75 g Aprikosen-Konfitüre
- 1 EL Puderzucker

1. Fett schmelzen. Milch zugießen, Hefe darin auflösen. Mehl, Zucker und Salz mischen. Hefemilch und Ei zufügen. Alles zu einem glatten Teig kneten. Zugedeckt an einem warmen Ort ca. 30 Minuten gehen lassen.

2. Mohn-back, Crème fraîche und Eigelb verrühren. Aprikosen abtropfen, würfeln und mit 50 g Mandeln unter die Mohnmasse rühren.

3. Ein Backblech fetten. Teig durchkneten, zum Rechteck (ca. 25 x 35 cm) ausrollen und auf das Blech legen. Mohnmasse in die Mitte geben, dabei längs je ca. 5 cm frei lassen. Teig über den Rand der Mohnfüllung klappen. Mit 25 g Mandeln bestreuen.

4. Streifen 15–20 Minuten gehen lassen. Im heißen Backofen (E-Herd: 200 °C / Umluft: 175 °C/ Gas: Stufe 3) 35–45 Minuten backen.

5. Aprikosen-Konfitüre erhitzen. Mohn-Streifen damit bestreichen und mit Puderzucker bestäuben.

Zubereitungszeit ca. 2 Std.
Pro Stück ca. 410 kcal / 1720 kJ.
E 9 g, F 17 g, KH 52 g

Quarkstollen-Kranz

Zutaten für ca. 24 Scheiben:

- 100 g Walnusskerne
- 150 g Rosinen
- 450 g Mehl
- 1 Päckchen Backpulver
- 1 Prise Salz
- 125 g Zucker
- 1 Päckchen Vanillin-Zucker
- 75 g kernige Haferflocken
- 250 g Magerquark
- 3 Eier (Gr. M)
- 125 g Butter/Margarine
- 2 EL Rum oder Orangensaft
- Mehl für die Arbeitsfläche
- 250 g Aprikosen-Konfitüre
- 1 EL Puderzucker
- Backpapier

1. Walnüsse hacken, Rosinen waschen und abtropfen. Mehl, Backpulver, Salz, Zucker, Vanillin-Zucker und Haferflocken, bis auf 1 EL zum Verzieren, mischen. Quark, Eier, Fett in Flöckchen und Rum zugeben. Alles mit den Knethaken des Handrührgerätes verkneten. Walnüsse, bis auf 1 EL, und Rosinen unterkneten.

2. Teig auf einer leicht bemehlten Arbeitsfläche nochmals gut durchkneten. Dann halbieren und 2 Stränge (ca. 70 cm lang) daraus formen. Wie eine Kordel umeinander drehen. Auf einem mit Backpapier ausgelegten Backblech zum Kranz legen. Enden zusammendrücken. Im heißen Backofen (E-Herd: 175 °C / Umluft: 150 °C/ Gas: Stufe 2) ca. 50 Minuten backen.

3. Aprikosen-Konfitüre erwärmen und durch ein Sieb streichen. Den Kranz damit bestreichen. Mit den restlichen Nüssen und Haferflocken verzieren. Kranz auskühlen lassen. Mit Puderzucker bestäuben.

Zubereitungszeit ca. 1¼ Std.
Pro Scheibe ca. 240 kcal / 1000 kJ.
E 6 g, F 8 g, KH 34 g

EXTRA-TIPP

Den Quarkstollen-Kranz können Sie schon einige Zeit vor dem Fest backen und dann in Alufolie gut verpackt einfrieren.

Portwein-Marzipan-Stollen

Zutaten für ca. 24 Scheiben:

- 300 g Trockenpflaumen (ohne Stein)
- ⅛ l Portwein, 500 g Mehl
- 1 Prise Salz, ⅛ l Milch, 4 EL Zucker
- 1 Würfel (42 g) Hefe
- 200 g + 50 g Butter
- 75 g gemahlene Mandeln
- 1 Päckchen Vanillin-Zucker
- abgeriebene Schale von ½ unbehandelten Zitrone
- 300–400 g Marzipan-Rohmasse
- 100 g + 100 g Puderzucker
- Klarsichtfolie, Backpapier

1. Pflaumen und Portwein in einem weiten Topf aufkochen, ca. 1 Minute köcheln und auskühlen lassen. Mehl und Salz mischen. In die Mitte eine Mulde drücken. Hälfte Milch und 2 EL Zucker erwärmen. Zerbröckelte Hefe darin auflösen. In die Mulde gießen, mit etwas vom Mehl zum Vorteig verrühren. Zugedeckt an einem warmen Ort ca. 15 Minuten gehen lassen.

2. 200 g Butter schmelzen. Rest Milch zugießen. Abkühlen. Mit Mandeln, 2 EL Zucker, Vanillin-Zucker und Zitronenschale zum Vorteig geben. Alles glatt verkneten. Zugedeckt nochmals 1¼–1½ Stunden gehen lassen.

3. Marzipan und 100 g Puderzucker verkneten. Zwischen Klarsichtfolie auf ca. 25 x 30 cm ausrollen. Pflaumen abtropfen, unter den Teig kneten. Teig auf Mehl 25 x 30 cm groß ausrollen. Marzipan darauf legen. Von der langen Seite her aufrollen, leicht flachdrücken. Von der Längsseite zu ⅔ einschlagen.

4. Stollen auf ein mit Backpapier ausgelegtes Blech legen. 45 Minuten gehen lassen. Im heißen Backofen auf der 2. Schiene von unten (E-Herd: 200 °C / Umluft: 175 °C / Gas: Stufe 3) ca. 10 Minuten vorbacken. Dann bei 175 °C (Umluft: 150 °C / Gas: Stufe 2) 25–30 Minuten weiterbacken.

5. 50 g Butter schmelzen. Heißen Stollen mit ⅓ davon bestreichen. Mit ⅓ des restlichen Puderzuckers bestäuben. Vorgang 2x wiederholen.

Zubereitungszeit ca. 2¾ Std.
Pro Scheibe ca. 320 kcal / 1340 kJ.
E 5 g, F 15 g, KH 38 g

Hefeteig

Klassisch mit Hefe: ***Ammerländer Apfel-Butterkuchen*** *saftig und goldbraun, ein Genuss.* *Das Rezept finden Sie auf Seite 57*

Die Herstellung von Hefeteig erfordert zwar etwas Geduld, dafür wird man aber auch mit einem besonders saftigen Gebäck belohnt. Der ideale Partner für Obst, Streusel und Mohn

RUND UM DEN TEIG

- Frische Hefe ist glatt, hat einen seidigen Schimmer, duftet angenehm säuerlich und lässt sich gut zerbröckeln.
- Hefe mag es warm: Deshalb muss die Milch zum Anrühren lauwarm sein. Alle anderen Zutaten sollten Zimmertemperatur haben. Also Fett, Eier etc. rechtzeitig aus dem Kühlschrank nehmen.
- Während der Hefeteig geht, die Schüssel mit einem sauberen Geschirrtuch abdecken. Das schützt ihn vor Zugluft und vorm Austrocknen.
- Keine Glas- oder Marmorplatten als Arbeitsfläche verwenden, sie sind zu kalt für die empfindliche Hefe.

Hefeteig lässt sich auf mehrere Arten herstellen. Hier zwei gängige Verfahren:

Grundrezept für Hefeteig

ZUTATEN FÜR EIN BACKBLECH:

- 500 g Mehl
- 1 Würfel (42 g) frische Hefe oder 1 Beutel Trockenhefe
- ⅛–¼ l Milch
- 1 Ei (Gr. M)
- 75–100 g Zucker
- 1 Prise Salz
- 50–100 g weiche Butter/Margarine
- Fett für die Form

Vorbereitungszeit: 20 Minuten
Gehzeit: 50–60 Minuten
Backdauer: ca. 40 Minuten
Backtemperatur: E-Herd: 200 °C
Umluft: 175 °C / Gas: Stufe 3
Abkühlzeit: 2–3 Stunden

Zubereitung

1. *Für den Vorteig Mehl in eine Schüssel geben.Mulde hineindrücken. Hefe hineinbröckeln. Zucker und lauwarme Milch zufügen.*

2. *So geht's auch: Hefe in die lauwarme Milch bröckeln. Mit etwas Zucker verrühren und danach in die Mehlmulde gießen.*

3. *Hefemilch mit etwas Mehl zu einem Brei verrühren. Den Vorteig am warmen Ort bei ca. 25 °C zugedeckt 15–20 Minuten gehen lassen.*

4. *Dann das weiche Fett in Flöckchen schneiden und auf dem Mehlrand um den Hefe-Vorteig verteilen. Zuletzt Ei und Salz zufügen.*

5. *Alles mit den Knethaken des Handrührgerätes oder mit bemehlten Händen zu einem glatten, geschmeidigen Teig verkneten.*

6. *Statt frischer können Sie auch Trockenhefe nehmen. Hefe erst mit dem Mehl mischen und dann mit allen übrigen Zutaten verkneten.*

7. *Teig in eine große bemehlte Schüssel legen, damit er genügend Platz hat, da er beim Gehen sein Volumen fast verdoppelt.*

8. *Hefeteig mit einem sauberen Geschirrtuch locker abdecken. Nun an einem warmen Ort etwa weitere 30 Minuten gehen lassen.*

9. *Den Teig nach dem zweiten Gehen auf einer bemehlten Arbeitsfläche kräftig durchkneten und schlagen, bis er Blasen wirft.*

10. *Da sich der Teig beim Ausrollen immer wieder leicht zusammenzieht, mit der Teigrolle stets diagonal in alle Richtungen ausrollen.*

11. *Zuletzt den Hefeteig mit leicht bemehlten Händen in alle Ecken des Backblechs oder der Form schieben und fest andrücken.*

12. *Vor dem Backen den Hefeteig nochmals gehen lassen. Danach, z. B. für Butterkuchen, kalte Fettflöckchen darauf verteilen.*

Biskuit

Aus zartem Biskuit, leicht und sahnig gefüllt: **Schwarzwald-Röllchen mit Kirschwasser** *Das Rezept finden Sie auf Seite 88*

Eier, etwas Zucker, wenig Mehl und viel Gefühl bei der Zubereitung – das sind die Zutaten für traumhaft lockeren Biskuit. Als Sahne-Rolle, Creme-Schnitte oder Omelett eine süße Versuchung

RUND UM DEN TEIG

- Da die Biskuitmasse schnell zusammenfällt, bereits vor dem Schlagen Form und Blech fertig vorbereiten. Zügig arbeiten und den Teig sofort abbacken.
- Eine gute Schaumbildung beim Rühren des Biskuits entsteht, wenn Sie statt des groberen Haushaltszuckers feinkörnigen Kristall-Zucker verwenden.
- Mehl und Speisestärke immer durch ein Sieb auf die Eicreme geben.
- Mehl kann max. bis zur Hälfte durch Speisestärke ersetzt werden und ein Teil durch gemahlene Nüsse oder Mandeln.
- Bei Biskuitplatten das offene Ende des Bleches mit einer stabilen Schiene aus gefalzter Alufolie begrenzen, damit der Biskuit gleichmäßig hoch wird.

Grundrezept für Biskuit

ZUTATEN FÜR EINE SPRINGFORM ODER EIN BACKBLECH:

- 3 Eier (Gr. M)
- 125 g Zucker
- 75 g Mehl
- 50 g Speisestärke
- 1 Messerspitze Backpulver
- Backpapier

Vorbereitungszeit: ca. 20 Minuten
Backzeit: ca. 10–12 Minuten auf dem Backblech; 25–30 Minuten in der Springform
Backtemperatur: E-Herd: 175–200 °C
Umluft: 150–175 °C
Gas: Stufe 2–3
Abkühlzeit: 1–2 Stunden

Zubereitung

1. *Die Eier sorgfältig trennen. Dabei darauf achten, dass kein Eigelb in die Schüssel mit dem Eiweiß gerät. Sonst wird es nicht steif.*

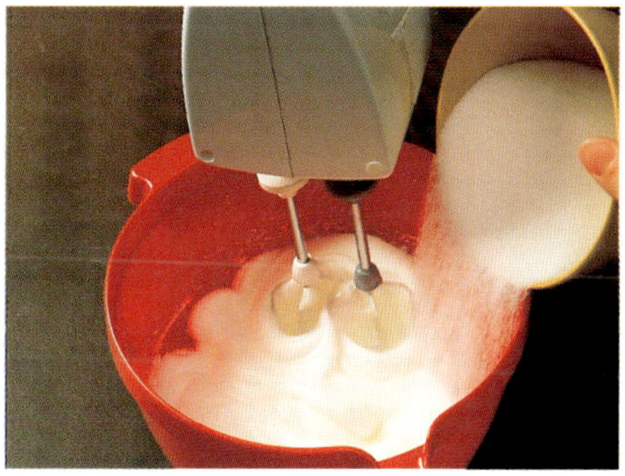

2. *Eiweiß mit den Schneebesen des Handrührgerätes steif schlagen, dabei den Zucker nach und nach einrieseln lassen.*

3. *Dann Eiweiß und Zucker auf höchster Schaltstufe so lange steif schlagen, bis der Eischnee in Spitzen stehen bleibt.*

4. *Eigelb zum Eiweiß geben, mit den Schneebesen des Handrührgerätes auf höchster Stufe ca. 1 Minute darunter schlagen.*

5. *Mehl, Stärke und Backpulver stets auf die Eimasse sieben, damit sich in der Biskuitmasse keine Klümpchen bilden.*

6. *Nun alles mit dem Schneebesen langsam unterziehen. Bitte nicht schnell rühren, sonst fällt die Masse zusammen.*

7. *Für Biskuitplatten das Blech mit Backpapier auslegen oder fetten und bemehlen. Biskuit mit dem Schaber in alle Ecken streichen.*

8. *Die Biskuitplatte noch heiß vom Blech nehmen und auf ein sauberes, mit feinem Zucker bestreutes Geschirrtuch stürzen.*

9. *Das Backapier mit etwas kaltem Wasser bestreichen und sofort abziehen. Dabei vorsichtig arbeiten, damit nichts kleben bleibt.*

10. *Die noch warme Biskuitplatte mit Hilfe des Tuches aufrollen. So aufgerollt auskühlen lassen, damit sie dann gefüllt werden kann.*

... UND NOCH MEHR EXTRA-TIPPS

- *Für den saftigen, aber nicht so luftigen Wiener Biskuit gibt man noch 50–75 g flüssige, jedoch keinesfalls heiße Butter zu. Man gießt sie unter ständigem Schlagen in die Eigelb-Zucker-Mischung. Diese Variante hält sich 1–2 Tage länger frisch als normaler Biskuit.*
- *Halten Sie sich an die angegebene Backzeit. Besonders für Biskuitrollen darf der Teig nicht zu stark ausgebacken werden, sonst trocknet er aus und lässt sich nicht mehr gut rollen.*
- *Garprobe: flache Hand auf den Biskuitboden legen. Wenn er sich elastisch, aber nicht fest anfühlt, ist er fertig gebacken.*
- *Biskuitplatten für Rouladen immer in den vorgeheizten Backofen schieben, damit die kurzen Backzeiten eingehalten werden können. Nur so bleibt der Teig schön saftig.*

Mürbeteig

Saftiger Belag auf knusprigem Mürbeteigboden: **Käsekuchen mit Früchten** *Das Rezept finden Sie auf Seite 114*

Ruck, zuck und ohne Probleme lässt sich zarter Mürbeteig zusammenkneten – die perfekte Unterlage für saftige Obst- und cremige Käseschnitten sowie für köstliches Kleingebäck

RUND UM DEN TEIG

- Mürbeteig mag es gerne kalt. Fett und Eier sollten direkt aus dem Kühlschrank kommen. Und am besten auf einer Marmor-Arbeitsplatte arbeiten.
- Mürbeteig enthält reichlich Fett. Formen und Backbleche müssen daher nicht gefettet werden.
- Damit Obstböden nicht aufweichen, vor dem Belegen mit gemahlenen Nüssen bestreuen oder mit erwärmter Marmelade oder Kuvertüre bestreichen.
- Übrigens: An jeden Teig gehört 1 Prise Salz, auch an Mürbeteig. Es erhöht das Eigenaroma aller Zutaten.
- Rohen Mürbeteig können Sie prima einfrieren: möglichst als flache Platte im Gefrierbeutel, so taut er schnell auf.

Grundrezept für Mürbeteig

ZUTATEN FÜR EIN BACKBLECH:

- 300 g Mehl
- 100 g Zucker
- 1 Päckchen Vanillin-Zucker
- 1 Prise Salz
- 1 Ei (Gr. M)
- 200 g Butter oder Margarine
- Fett für die Form

Vorbereitungszeit: ca. 15 Minuten
Ruhezeit: mind. 30 Minuten
Backdauer: 20–25 Minuten (Obstkuchen)
Backtemperatur:
E-Herd: 200 °C
Umluft: 175 °C
Gas: Stufe 3
Abkühlzeit: 30–60 Minuten

Zubereitung

1. *Mehl auf eine Arbeitsfläche sieben. Ei bzw. Eier in die Mulde geben und das kalte Fett in Stückchen auf dem Rand verteilen.*

2. *Alles mit einem langen Messer gründlich durchhacken, sodass sich flüssige und feste Zutaten zu kleinen Krümeln verbinden.*

3. *Mit den Händen schnell zum glatten Teig verkneten. Zur Kugel formen, durchschneiden und prüfen, ob alle Zutaten verteilt sind.*

4. *Wer mag, kann auch alle Zutaten in einer Rührschüssel mit den Knethaken des Handrührgerätes zu Krümeln verkneten.*

5. *Den Teig nun aus der Rührschüssel nehmen und ebenfalls zügig mit den Händen durchkneten und zu einer Kugel formen.*

6. *Die Teigkugel in Klarsicht- oder Alufolie wickeln und ½ Stunde im Kühlschrank ruhen lassen, damit er sich gut verarbeiten lässt.*

7. *So klebt der Teig nicht an Arbeitsfläche und Rolle fest: zwischen zwei Lagen Klarsichtfolie oder Gefrierbeutel ausrollen.*

8. *Beim Backblech den Mürbeteig direkt darauf ausrollen. Rolle stets mit etwas Mehl bestäuben, damit der Teig nicht daran klebt.*

9. *Den ausgerollten Teig mit den Händen in die Ecken drücken – möglichst vorsichtig, sodass er dabei nicht auseinander reißt.*

... UND NOCH MEHR EXTRA-TIPPS

- *Ist der Mürbeteig zu weich oder tritt Fett aus, im Kühlschrank nochmals gut durchkühlen.*
- *Zu fester Teig wird geschmeidiger, wenn Sie in die Mitte eine Vertiefung drücken und etwas eiskaltes Wasser oder Milch hineingeben. Schnell unterarbeiten.*
- *Beim Ausrollen nicht zu viel Mehl auf die Arbeitsfläche geben, sonst wird der Teig trocken.*
- *Frisch gebackener Mürbeteig zerbricht leicht. Deshalb etwas abkühlen lassen, bevor Sie ihn vom Blech bzw. aus der Form lösen.*
- *Wenn Sie 60 g Mehl durch geriebene Mandeln oder Nüsse ersetzen, erhalten Sie einen besonders mürben Teig.*
- *Biskuitschnitten werden „standfester“, wenn Sie als untere Schicht einen Mürbeteigboden backen.*

Rührteig

Saftige Rührteig-Schnitten mit Kuvertüre-Decke: **Zitronen-Schoko-Kuchen** Das Rezept finden Sie auf Seite 81

Wer sagt denn, dass Rührteig nur für Napfkuchen taugt? Ob getränkt, mit Nüssen oder saftigem Obstbelag – die Variationsmöglichkeiten auf dem Backblech sind grenzenlos

RUND UM DEN TEIG

- Alle Zutaten für den Teig sollten Zimmertemperatur haben.
- Gerinnt der Teig, etwa durch ein zu kaltes Ei, den Teig in der Schüssel im warmen Wasserbad cremig rühren.
- So wird der Teig besonders locker: Eier trennen, Eigelb und die übrigen Zutaten verrühren. Zuletzt das Eiweiß steif schlagen und unterheben.
- Gerade bei großen Mengen sind Küchenmaschinen eine gute Hilfe, denn sie arbeiten gleichmäßig und zeitsparend. Bitte beachten Sie jedoch stets die Anleitung Ihres Modells.
- Dieses Grundrezept können Sie prima abwandeln, z. B. mit Vanille, Rum, Zitrone, Schokolade, Nüssen oder Rosinen.

Grundrezept für Rührteig

ZUTATEN FÜR EINE FORM

(Ca. 2½ l Inhalt; 26 cm Ø; 25 cm lang):

- 250 g Butter oder Margarine
- 250 g Zucker
- 1 Prise Salz
- 3 Eier (Gr. M)
- 500 g Mehl
- 1 Päckchen Backpulver
- 4–8 EL Milch
- Fett und Paniermehl für die Form

Vorbereitungszeit: 20–30 Minuten
Backzeit: 60–70 Minuten
Backtemperatur: E-Herd: 175–200 °C
Umluft: 150–175 °C
Gas: Stufe 2–3
Abkühlzeit: 2–4 Stunden

Zubereitung

1. Das weiche Fett mit den Schneebesen des Handrührgerätes schaumig schlagen. Zucker unterrühren, bis er sich gelöst hat.

2. Die Eier einzeln zur Fett-Zuckermasse geben und jeweils ca. ½ Minute mit dem Handrührgerät sorgfältig unterrühren.

3. Die Masse dann noch so lange weiterrühren, bis sie hellcremig ist und sich alle Zutaten gleichmäßig verbunden haben.

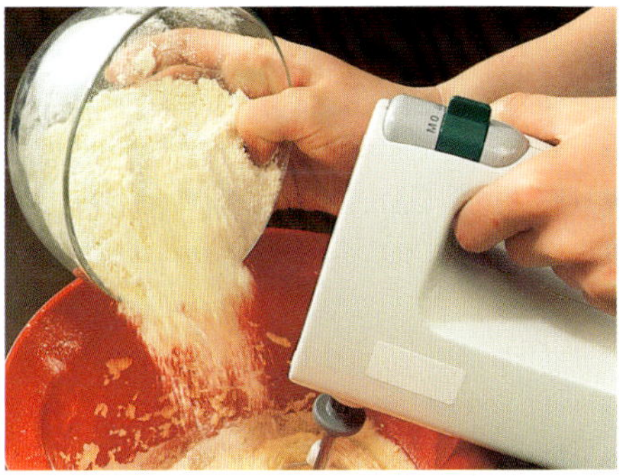

4. Mehl und Backpulver mischen und sieben, damit sich das Backpulver gleichmäßig verteilt und die Krume feinporig wird.

5. Die Mehlmischung portionsweise kurz und zügig unter die Eiermasse rühren. Denn zu langes Schlagen macht den Teig „zäh".

6. Der Teig hat die richtige Konsistenz, wenn er schwer reißend von den Quirlen fällt. Ist er zu fest, noch löffelweise Milch zufügen.

7. Backblech fetten oder mit Backpapier auslegen. Den Teig darauf mit einem Spatel oder Teigschaber verteilen und glatt streichen.

... UND NOCH MEHR EXTRA-TIPPS

- Möglichst feinkörnigen Zucker verwenden, denn er löst sich schneller auf.
- Teig immer in eine Richtung rühren, sonst wird die eingerührte Luft wieder herausgeschlagen.
- Ein Teil des Mehls kann durch Speisestärke ersetzt werden. Sie macht das Gebäck sehr feinporig.
- Geben Sie keinen Zitrussaft direkt in den Teig. Er vermindert die Triebkraft von Eiern und Backpulver. Stattdessen geriebene Zitronenschale oder Backaroma verwenden.
- Die zugefügte Flüssigkeit sollte kalt sein, sonst verliert das Backpulver seine Wirkung.
- Die Milch im Teig kann auch durch Buttermilch, Joghurt oder saure Sahne ersetzt werden. Dann schmeckt der Kuchen herzhafter.

Wenn Sie Ihren Lieblingskuchen „auf Eis“ legen möchten: Hier erfahren Sie, wie es geht. Dazu gibt es noch mehr Back-Tipps und hilfreiche Tricks für brenzlige Situationen

Nützlich: Blechkuchen auf Alu-Grillpfannen einfrieren. Darauf kann man sie später auch gut aufbacken

Praktischer Ratge
von Bac

KUCHEN IM KÄLTESCHLAF

Backwaren kann man meist prima einfrieren. Ob roher Blätter-, Rühr-, Knet- oder Hefeteig oder fertig gebackener Kuchen, alles bleibt über Monate frisch. Nur Eiweißgebäck verträgt keinen Kälteschlaf. Hier einige praktische Tipps:

● Rohen Teig entweder in flachen Platten einfrieren (evtl. mit Öl bepinseln, damit er nicht austrocknet) oder gleich in eine gefettete Alu-Backform füllen, die es fertig zu kaufen gibt. Ob mit oder ohne Form: Teig luftdicht in Alu- bzw. Gefrierfolie verpacken. Bei Hefeteig darf die Verpackung nicht zu eng anliegen, da er sich im Gefriergerät noch etwas ausdehnt.

● Gebäck portionsweise in extrastarke Alufolie oder Gefrierbeutel bzw. Gefrierdosen verpacken. Sahnestücke auf stabile Kunststoff-Tabletts setzen. Wenn man Plattenkuchen auf eine Grillpfanne legt, können sie später darauf aufgebacken werden.

● Gebäck ohne Glasur einfrieren, denn sie wird fleckig. Auch Torten- und Zuckerguss immer erst nach dem Auftauen auftragen, weil sie trübe bzw. wässrig werden.

WAS HÄLT SICH WIE LANGE?

FERTIGE KUCHEN	
Biskuit mit Sahnefüllung	3 Monate
Blätterteig-Gebäck	2–3 Monate
Buttercreme-Schnitten	1–2 Monate
Hefe-Obstkuchen	2–3 Monate
Käsekuchen	2-3 Monate
Obstkuchen, gedeckt	2–3 Monate
Quark-Sahneschnitten	2–3 Monate
Nuss-Rührkuchen	4 Monate
Rührteig-Kuchen	4–6 Monate
ROHE TEIGE	
Blätterteig	4–6 Monate
Hefeteig	bis 2 Monate
Mürbeteig	2–3 Monate
Rührteig	2–3 Monate

● Bei Buttercreme- und Sahneschnitten mit Verzierungen mehrere Holzstäbchen zwischen die Tuffs stecken und mit Folie abdecken, damit die Deko nicht beschädigt wird. Zunächst auf einer Platte 2 Stunden vorfrieren. Anschließend in Folie oder Gefrierdosen vollständig einfrieren.

● Wenn man nur 1–2 Stücke zusammen verpackt, lässt sich bei Bedarf schnell mal ein bunter Kuchen-Teller zusammenstellen.

RICHTIG AUFTAUEN

TEIG: Zunächst bei Raumtemperatur (+20 °C) unverpackt einige Stunden auftauen lassen. Blätter- und Mürbeteig kann weiter verarbeitet werden, sobald er sich ausrollen lässt. Hefeteig muss nach dem Auftauen gehen. Die Teige wie gewohnt backen, allerdings bei einer Temperatur, die um 20 °C höher liegt. Wird in Aluformen gebacken, Kuchen eine Schiene tiefer in den Backofen schieben.

FERTIGES GEBÄCK: Creme- und Sahnekuchen am besten im Kühlschrank auftauen lassen, wenn es schnell gehen soll bei Zimmertemperatur. Je nach Größe tauen Rühr- und Hefekuchen (am besten immer aus der Verpackung nehmen) bei Raumtemperatur in 3–5 Stunden auf. Im Backofen bei 100 °C dauert es 20–50 Minuten. Anschließend im vorgeheizten Backofen bei 200 °C noch 5–10 Minuten aufbacken. Sie können auch in der Mikrowelle auftauen (bitte hierfür die Herstellerangaben beachten).

Einmal aufgetaute Kuchen nicht wieder einfrieren. Gebäck, das aus eingefrorenem rohen Teig gebacken wurde, darf wieder in den Kälteschlaf.

BACKEN MIT ÄPFELN

- Säuerliche, festfleischige Sorten wie Boskop, Cox Orange, Jonagold, Jonathan oder Elstar sind am besten zum Backen geeignet.
- Schön weich und saftig werden die Äpfel, wenn man die Viertel oder Achtel in Längsrichtung mehrmals fächerförmig einschneidet.
- Richtig mürbe werden sie auch, wenn man sie während des Backens mit einem gefetteten Pergamentpapier abdeckt.
- Ist der Kuchen schon gar, die Äpfel sind aber noch hart: Früchte mit etwas Rum beträufeln und Fettflöckchen darauf setzen. Mit Alufolie abgedeckt noch 10 Minuten backen.
- Schrumpelige Äpfel lassen sich wieder prima schälen, nachdem man sie einige Minuten in heißes Wasser gelegt hat.

INTERESSANTES RUND UM DEN BLÄTTERTEIG

„Millefeuille", d. h. „tausend Blätter", nennt man das vielschichtige Gebäck in Frankreich. Laut Grundrezept sind es zwar nur 729, aber immerhin.

Für seine Herstellung braucht man nur wenige Zutaten, aber viel Zeit. Deshalb wird er heute nur noch selten selbst hergestellt, sondern meist tiefgekühlt gekauft. Für alle, die in das Geheimnis der „tausend Blätter" eingeweiht werden möchten, hier das Rezept:

250 g Mehl, 1 Prise Salz und max. 150 ml Wasser zu einem ausrollbaren Teig verkneten. Auf bemehlter Fläche zu 20 x 20 cm ausrollen. 250 g Butter kneten, bis sie geschmeidig, aber noch fest ist. Zu einem Quadrat von 10 x 10 cm formen und so auf das Teigquadrat legen, dass seine Ecken jeweils auf die Mitte der Teigseiten zeigen. Teigecken zur Mitte über die Butter klappen. Paket zum Rechteck ausrollen. Von der kurzen Seite in drei Lagen zusammenfalten, in Längsrichtung erneut zum Rechteck ausrollen und dreimal falten. 20 Minuten eingewickelt im Kühlschrank ruhen lassen. Prozedur noch zweimal wiederholen.

Beim Falten des Teiges wird zwischen den Schichten Luft eingeschlossen, die sich beim Backen ausdehnt. Die Butter verhindert, dass die einzelnen Lagen aneinander kleben. So entsteht ein blättriges, luftiges Gebäck.

EXTRA-TIPPS

- Fertigen Blätterteig nie kneten. Reste stets übereinander legen und erneut ausrollen.
- Beim Bestreichen mit Ei darf nichts über die Ränder laufen, sonst verkleben die Schichten, und der Teig geht an diesen Stellen nicht auf.
- Am Ende der Backzeit evtl. mit Alufolie abdecken, dann behält das Gebäck seine herrliche goldgelbe Farbe.
- Teigstücke, die sich in der Grundfläche nicht verändern, aber in die Höhe ziehen sollen (z. B. Pasteten), setzt man auf kalt abgespülte Bleche.
- Teigstücke, die in die Breite gehen sollen wie Schweineöhrchen, legt man auf Backpapier oder ein gefettetes Backblech.

KLEINE PANNENHILFE

Ist der Biskuitboden an einer Stelle durchgebrochen, die Bruchstellen mit etwas Eiweiß bestreichen und den Boden vorsichtig zusammendrücken.

Damit die Baiserdecke nicht reißt, Kuchen noch 5 Minuten im abgeschalteten, geöffneten Backofen lassen.

Zu fester Zuckerguss lässt sich mit einigen Tropfen Wasser wieder verdünnen. Gibt man gleich beim Anrühren eine Prise Backpulver unter die Glasur, bleibt sie länger streich- bzw. spritzfähig.

Für Buttercreme müssen alle Zutaten Zimmertemperatur haben, sonst gerinnt sie. Ist das Malheur passiert, etwas flüssiges Plattenfett oder Butterschmalz einrühren.

Geht Hefeteig mal nicht auf, Backpulver unterkneten und den Teig sofort backen.

Wenn der Tortenguss fehlt, Obstsaft einfach mit Gelierzucker andicken.

Rezept-Register

[illegible]
1 kg Zwetschken
Kümmel

10 Eier mittel

10 dkg. gerieb. Mandeln

1 1/2 kg Zwetschke

25 dkg Rahm

In dieser Reihe sind bisher erschienen: